Epee Edition
1. Auflage November 2015

Verlag: Epee Edition e.K., Kehl a.Rh.
Einband- und Innengestaltung: Nicolas Emmert
Korrektorat: Christian Winkelmann

ISBN 978-3-943288-28-5

Haftungsausschluss

Autor und Verlag übernehmen keinerlei Haftung für eventuelle Schäden, die durch das Anwenden der im Buch beschriebenen Techniken im Allgemeinen, oder durch das falsche und missbräuchliche Anwenden derselben im Speziellen, entstehen könnten. ***Einige der in Wort und Bild gezeigten Maßnahmen und Erläuterungen beziehen sich auf ein angenommenes Krisenszenario. Sie stellen insofern weder eine Beratung noch eine Handlungsanweisung dar.*** Rechts- und Schaden-ersatzansprüche sind daher ausgeschlossen.

www.epee-edition.com

Urban Survival

Terror und Krisen vor deiner Tür

Thomas Gast

INHALT

Es ist wichtig, für seine Träume ein paar Kämpfe durchzustehen – nicht als Opfer, sondern als Abenteurer.

Paulo Coelho,
brasilianischer Schriftsteller

Waffen, Munition, Kerzen, Feuerzeuge, Antibiotika, Batterien, Benzin und Nahrung: Wir schlugen uns wie wilde Tiere darum. In Situationen wie diesen werden Menschen zu Monstern!

Ein Bosnier nach der Belagerung Sarajevos 1996

Wir hatten Respekt und Vertrauen gegeben und Gleiches im Gegenzug erhalten, wir hatten unsere Ziele zusammen erreicht oder waren zusammen gescheitert, hatten für Ersteres (für den Erfolg) stets Lob und Anerkennung erhalten und für Letzteres (für das Scheitern) immer eine zweite Chance ... und das zusammen machte uns stark.

Thomas Gast über seine Anfangszeit in der Fremdenlegion

VORWORT

In Survival Total Band 1 schrieb ich über das Überleben in allen möglichen Situationen, hauptsächlich aber über das Überleben in der Natur. Das vorliegende Buch öffnet ein völlig anderes Kapitel.

Warum?
Weil ich ein Realist bin!

Die künftigen Gefahren wachsen in unserer Mitte, in den Städten und in europäischen Ballungsgebieten heran, und der gefährlichste „Prädator", der sich in diesen dicht besiedelten Regionen bewegt, ist der Mensch! In den Städten der Zukunft zu überleben, bezeichnet unsere Fähigkeit, auch dann davonzukommen, wenn wir isoliert sind und nur das Allernötigste besitzen. Die Kunst, zu improvisieren, sich anzupassen und über den Gefahren zu stehen ist dabei essentiell. Es geht darum, Meister in einem Spiel zu werden, das nur derjenige gewinnen kann, der die bessere Moral, die effizientesten Techniken, die intakteste Familie und den robustesten Körper besitzt.

Krisen und vor allem Kriege, gefochten quasi vor unserer Haustüre, nehmen zu.

- Bosnien-Herzegowina 1992
- Kosovo 1998 [1]
- Ukraine 2015
- Flüchtlingskrise 2015

1 Es war der erste Krieg in Europa nach 1945. Und das, obwohl niemand mehr einen Krieg in Europa wollte. Wo wird sich der nächste Krieg abzeichnen, Griechenland, Moldawien, Polen?

All diese Krisen- oder Kriegsgebiete könnten wir in weniger als 24 Stunden bequem per Kfz erreichen. Die Flüchtlingswelle (Beginn 2015), bei der die gesellschaftlichen Auswirkungen für uns heute noch nicht absehbar sind, und deren reale (eventuell auch physische) Bedrohung für den Bürger noch mit einem Fragezeichen behaftet ist, findet gerade vor unseren Augen, auf unseren Straßen statt.

Mit Blick auf diese beunruhigenden Entwicklungen – fügen wir die ständig wachsende Gefahr des internationalen Terrorismus noch hinzu – müssen wir davon ausgehen, dass auch wir uns bald im Auge eines Zyklons befinden werden und dass der daraus resultierende Überlebenskampf, vor allem in unseren Städten, bald schon unser ganzes Genie fordern wird. Und das wird kein Leichtes sein, denn unsere Großstädte gleichen einem Dschungel.

Das Terrain, die Gebäude, die Tunnelsysteme, die Hintergärten, alle Straßenzüge sowie die kleinen Schleichwege zu kennen, ist im Krisenfall ebenso wichtig wie eine Stadtkarte lesen zu können, zu wissen, wie man Feuer macht, wie man Wasser aufbereitet, wie man sich verteidigt oder Verstecke anlegt.

Das Wort *Urban Survival* wird von mir in diesem Buch mehr als einmal verwendet. Sinngemäß übersetzt heißt es *Überleben in der Stadt* oder in bebautem Gelände. Ziel dieses Manuskriptes ist es, dem Leser alle nur denkbaren Gewalt- und Extremszenarios vor Augen zu führen, die, und davon bin ich überzeugt, sehr bald schon Bedrohungen für unsere Gesellschaft darstellen. Diese Szenarios sollen aber keine Angst machen, sondern allenfalls zum Nachdenken anregen. Und zum Handeln! Im Gegenzug dazu möchte ich Tipps und Ratschläge geben, wie wir mit solchen Situationen umgehen, wie wir überleben können. Es handelt sich hier im wahrsten Sinne des Wortes um eine *kämpferische* Abhandlung. Und dabei ließ ich mir helfen.

Ob der Bogen-Spezialist Hartmut Hausser, der Kennelmaster (Sprengstoffsuchhund-Trainer) Jens Orgeldinger, Marc Guyader, Hundeführer der Fremdenlegion, oder auch der erfahrene Selbstverteidigungs-Experte „Tom" und sein Team:

Dieses Buch soll einen Ratgeber von Profis für den Leser darstellen.

Wie bereits gesagt ist das Überleben in unseren Städten und in einem Krisen- oder Kriegsfall der Schwerpunkt dieses Buches. Ich erweitere dieses Thema dahingehend, dass auch das Überleben in unserer heutigen, modernen Gesellschaft und ungeachtet irgendwelcher Krisenszenarien eine, wenn auch bescheidene, Rolle einnimmt. Hier möchte ich an jedermanns Psyche, an den Willen und an eine couragierte positive Einstellung im Alltag appellieren. Es geht auf dem ersten Blick um Bagatellen. Werden wir jedoch Herr über die *kleinen Dinge,* dann steigen unsere Eigenständigkeit und unser Selbstvertrauen ins Unermessliche und das wiederum macht es uns möglich, auch den großen Bedrohungen wirkungsvoll und mit breiter Brust entgegenzutreten.

Die wohl größte Bedrohung, der wir uns vielleicht schneller stellen müssen, als uns lieb[2] ist , ist ein schreckliches Horrorszenario: die nukleare Gefahr!

2 Im augenblicklichen Kampf gegen die Flüchtlingsströme, der auch unsere Medienwelt wie kein zweites Thema beherrscht, wird vieles vergessen. Zum Beispiel, dass wir uns quasi wieder in einem Kalten Krieg mit Russland befinden, den wir leider nicht ernst nehmen, aber: Nie, seit der Kubakrise im Oktober 1962, war das Misstrauen der Großmächte untereinander so groß.

DIE RÜCKKEHR DER NUKLEAREN GEFAHR

Das Jahr 2015 markiert die Ära der Rückkehr der nuklearen Gefahr, darüber sind sich alle Experten einig. Was sich noch vor einem Jahr allenfalls wie ein nukleares Säbelrasseln der Großmächte anhörte, hat sich stetig zu einer ernstzunehmenden Bedrohung entwickelt. Das nukleare Wettrüsten zwischen den USA und Russland lässt derzeit die Welt aufhorchen[3], zeitgleich demonstrieren NATO und Russland mit wiederholten konventionellen Manövern ihre Stärke. Dass sich die Anforderungen im Bevölkerungsschutz beziehungsweise der Gefahrenabwehr[4] unter diesem Kontext geändert haben, ist eindeutig. Unser Alltag jedoch verändert sich kaum. Wir leben weiter so, als würde eine nukleare Bedrohung nicht existieren, und an Schutzmaßnahmen verschwenden wir kaum einen Gedanken. Die Themen *Krisen und Kriege* fallen ganz offensichtlich in die Kategorie: „Wird nicht stattfinden!"

Einerseits fehlt hierfür das notwendige Interesse der Bürger, andererseits wird die Möglichkeit einer tatsächlichen Eskalation öffentlich auch zu wenig debattiert. Fakt aber ist, dass die Menschen für Krisenszenarios nicht sensibilisiert sind und eine detaillierte Aufklärung von Seiten der Behörden kaum gegeben ist. Sicher - was den Zivilschutz anbelangt, existieren einige rare Aufklärungskampagnen und es gibt gute Ansätze für einen Informationsfluss von den Behörden in Richtung Bevölkerung, doch das geschieht hauptsächlich auf dem Papier und wenn man nicht ganz gezielt im Internet danach Ausschau hält - also nicht selbst Interesse zeigt –, dann werden diese Informationen

3 Die USA investieren derzeit viele Milliarden Dollar in ihr Atomwaffen-Arsenal, und das, obwohl Präsident Obama vor seinem Amtsantritt mit Reden von einer „nuklearwaffenfreien Welt" in den Wahlkampf gezogen ist. Auch Russland droht immer unverhohlener mit dem Einsatz von „neuen" Nuklearwaffen.

4 Zivilschutz, Bevölkerungsschutz, Katastrophenschutz, Gefahrenabwehr? Die tatsächliche Bedeutung dieser Ausdrücke ist für den normalen Bürger nicht immer klar.

vom Bürger auch wenig wahrgenommen. Apropos Internet als „Informations-Verbreiter“: Es gibt durchaus noch Haushalte, die über kein Internet verfügen.[5] Besonders die ältere Generation tut sich mit dem Internet sehr schwer, verzichtet nur allzu gerne darauf. Alleine das Wort *Internet* demonstriert im bescheidenen Maße bereits unsere Abhängigkeit von gewissen sensiblen Infrastrukturen.

Aber ob Internet oder nicht: Wer sagt den Bürgern konkret, was sie im Falle eines schnellen Angriffskrieges (gegen uns gerichtete Aggression eines anderen Landes) tun könnten, um sich zu schützen? Wer unterbreitet ihnen ein Konzept, so minimal es auch sei, wie wir uns vor den Einwirkungen der Wucht konventioneller Waffen oder vor den verheerenden Effekten der Explosion einer Nuklearwaffe schützen können?

Allgemein tun sich sehr viele Fragen auf, allen voraus diese:

1. Ist Deutschland, was die Gefahrenabwehr, insbesondere den Zivilschutz anbelangt, überhaupt ernsthaft auf eine militärische Bedrohung vorbereitet?

Die Zeichen sprechen eher dagegen! So zum Beispiel wird der private Schutzraumbau in Deutschland nicht mehr staatlich gefördert. Das bloße Erwähnen des Wortes *Schutzraum* löst allenfalls Desinteresse und Verwirrung aus. Paranoid, teuer, unrealistisch, zeitaufwändig, lästig: Das denken nicht nur die Behörden, sondern leider auch ein Großteil der Bevölkerung.

Das ist nachlässig!

Gerade jetzt, wo es uns gut geht, sollten wir mit größter Sorgfalt und hohem Ideenreichtum nach Lösungen suchen, die auch in Zukunft Schaden von uns abhalten.

---

5 Aber jeder hat einen Briefkasten. Wäre es eine Idee, Informations-Flyer kostenlos an jeden Haushalt zu verteilen? Monatliche oder halbjährliche Updates könnten folgen. Gedrucktes kann man an der Pinnwand in der Küche veranschaulichen und verewigen, auch weil man es täglich sieht und in die Hand nehmen kann, während die einmal angesehene Internetseite und deren Inhalte mittags schon anderen Themen den Platz überlassen. Eine vorrausgehende Mediakampagne im TV und im Radio könnte verhindern, dass unter den Bürgern Unruhe ob der plötzlich auftauchenden Flyer ausbricht.

Und die Alarmsysteme? Was ist mit diesen Sirenen, die damals vor Luftangriffen warnten? Existieren ersatzweise andere, flächendeckende (hörbare) Alarmierungssysteme?[6] Falls nein, wie wird die Bevölkerung gewarnt, wenn es eine imminente Bedrohung gibt, und wie sollen sich die Menschen im Falle eines Alarms verhalten? Das satellitengestützte Warnsystem SatWaS[7] existiert und ist einsatzbereit, doch auch hier gilt: Der normale Bürger weiß kaum etwas davon. In der Regel schickt *SatWaS* Warndurchsagen in Windeseile und bundesweit an die meisten Rundfunkanstalten und Presseagenturen. Gibt es Warnungen, dann unterbrechen die Moderatoren die laufende Sendung und verkünden die Nachricht an die Öffentlichkeit. Es blieben im Falle eines Raketenangriffes einige Minuten Zeit, einen Schutzbunker aufzusuchen, aber die nächste Frage ist: Welchen Bunker?

Die Anfang der 1990er Jahre noch existierenden Bunker, es handelte sich um 2000 öffentliche Schutzräume, wurden nach und nach eingemottet, zweckentfremdet, vernachlässigt oder an „privat" verkauft.

Auch ersetzt *SatWaS* leider nicht das sonore System. Nicht jeder Bürger verbringt den ganzen Tag vor dem Fernseher oder hinter einem angeschalteten Radio, und: wie werden hör- und sprachgeschädigte oder blinde Menschen über Gefahren informiert? Diese und ähnliche Lücken müssten gefüllt werden.

2. Gibt es kollektive Notvorräte in den Städten? Wie sieht die Notfallversorgung mit lebenswichtigen Gütern aus und was kann der einzelne Bürger tun, um vorzubeugen?

Angeblich existiert eine *Bundesreserve Getreide* und die zivile *Notfallreserve*. Die Standorte seien aber geheim. Sie sind gleich so geheim, dass man ihre wirkliche Existenz anzweifeln möchte. Eingelagert würden unter anderen angeblich Weizen, Roggen und Hafer, aber auch Kon-

---

6 Bundeseinheitliche Sirenensignale und bundeseigene Sirenen gibt es seit dem Abbau des alten Zivilschutz-Sirenennetzes nicht mehr!

7 Das satellitengestützte Warnsystem ist ein vom Bundesamt für Bevölkerungsschutz und Katastrophenhilfe entwickeltes System zur Warnung der Bevölkerung vor Katastrophen und Anschlägen. Mit seiner Hilfe können unsere Behörden Warnungen herausgeben und die Bevölkerung alarmieren.

densmilch, Vollmilchpulver, Reis und diverse Hülsenfrüchte. Trinkwasserreserven werden nicht erwähnt. Alle Reserven wären aber – je nachdem, welches Szenario eintritt und mit welchem Bedarf zu rechnen ist – nach einigen Wochen bereits aufgebraucht. In einer Broschüre des Bundesamts für Bevölkerungsschutz und Katastrophenhilfe wird erklärt, wie man in Sachen Nahrung individuell Vorsorge treffen kann, doch niemand hält sich daran. Das kommt daher, weil die Gewichtung fehlt. Hier wäre es zwingend erforderlich, durch regelmäßige Aufklärungskampagnen in den Medien die Bürger für die Notwendigkeit dieser individuellen Maßnahmen zu sensibilisieren. (Die Mentalität, „erst dann mit dem Bau der Arche zu beginnen, wenn einem das Wasser bereits bis zum Halse steht", ist weitverbreitet und aus meiner Sicht leider falsch.) Diese Aufklärung sollte aber nicht nur die Verpflegung betreffen, sondern wirklich alles rund um den Zivilschutz.

Es gibt Prozesse, die kommen nicht von alleine: die Fähigkeit zur Ersten Hilfe, der Mut zur Selbsthilfe bei Unfällen oder nach Unwettern, der Mut Beistand zu leisten, koste es, was es wolle – all das gehört leider nicht mehr zu unseren ureigenen Reflexen.

3. Ist die Regierung im Falle eines Angriffes gegen die Auswirkungen der Anwendung von taktischen Atomwaffen so gut geschützt, dass sie regierungsfähig bleibt und wir uns zumindest darüber keine Sorgen machen müssen?

Es war einmal: Der Ausweichsitz der Verfassungsorgane des Bundes im Krisen- und Verteidigungsfall zur Wahrung von deren Funktionstüchtigkeit (AdVB) dreißig Kilometer südlich von Bonn wurde angeblich abgebaut. Was einst ein Regierungsbunker war, ist heute ein Museum. Einigen Quellen nach hätte der Bunker gerade einmal einer 20-Kilotonnen-Bombe standgehalten. Das wäre in etwa vergleichbar mit „Little Boy", der ersten zu militärischen Zwecken eingesetzten Atombombe in Hiroshima.

Wenn man nun weiß, dass moderne Atomsprengköpfe einige Megatonnen an Vernichtungskraft haben, dann macht an dieser Stelle ein lustiges Museum schon eher Sinn als ein seriöser Kanzler-schützender

Bunker. Auch hier gilt: Mit Blick auf die Spannungen zwischen Reich und Arm, zwischen Ost und West und zwischen Islam und Christentum sollten modernste Schutzmaßnahmen eiligst in Erwägung gezogen werden. Am Hamburger Hauptbahnhof, zum Beispiel, gäbe es den Tiefbunker Steintorwall. Dieser bietet auch heute noch 2.700 Menschen Schutz. Inwiefern sich allgemein U- beziehungsweise S-Bahn-Tunnels oder Tiefgaragen als schützende Bunker eignen, sollte bundesweit neu geprüft werden. Dass in diesem Bereich weitere organisatorische und bauliche Maßnahmen erforderlich sind, steht ganz außer Frage.

Viele Menschen in Europa sind der Meinung, dass, wenn es zu einem Atomkrieg käme, alles Leben sofort ausgelöscht würde und es keine Überlebenschance gäbe. Diese Ansicht teile ich nicht! Wenn wir wissen, wie wir uns gegebenenfalls verhalten müssen und wie wir Vorsorge treffen können, ist ein Überleben durchaus möglich. Zunächst zumindest. Wie das *Leben danach* aussähe, ist nicht abzusehen, denn nichts würde mehr so sein wie vorher. Unsere Ideologie – das ganze vom Menschen kreierte System, in dem vieles auf Expansion, auf Konkurrenz, auf Ordnung und Unterordnung, auf Dominanz und Unterjochung, auf Souveränität und Abhängigkeit, auf Macht, Klassendenken und Hierarchien basiert – hätte ebenso versagt wie rein religiöse Muster und religiöse Expansionen[8] und es wäre an der Zeit, „Neues" zu schaffen. An kreativen Köpfen fehlt es unserer Gesellschaft sicherlich nicht, nur werden die *Etablierten, die Denker und Lenker* und die durch bestehende Systeme satt und reich Gewordenen „Neues" wohl kaum zulassen: Das ist ein *Nach uns die Sintflut* Denken!

Was wir zu unserem Selbstschutz beitragen können, sollte es zu einer nuklearen Bedrohung kommen, das entnehmen Sie bitte dem Kapitel *Nukleare Katastrophen und Erdbeben*.

Es ist Fakt, dass es in den letzten Jahrzehnten zu einer unverhältnismäßig großen Zunahme von Naturkatastrophen, hervorgerufen durch den Klimawandel, gekommen ist, und wir sehen schon: Terroranschläge, Gewaltszenarios in unseren Städten, atomare Bedrohun-

---

8 z. B. Christianisierung und Islamisierung.

gen und Klimawandel. Es besteht ein enormer Aufklärungs- und Handlungsbedarf, zumindest für den „normalen" Menschen!

Weltweit gibt es jedoch eine Bewegung, deren einziges Ziel es ist, den Meisten dieser Gefahren zu begegnen. Wer kennt sie nicht, die kleinen Gruppen, die am Wochenende im Wald den Ernstfall trainieren und somit Vorbereitungen für Terror und Krisen treffen? Sie üben sich in der Selbstverteidigung, in der Selbstversorgung, sie horten Vorräte, züchten Schweine und predigen das Schwarze vom Himmel herunter. Viele belächeln sie, die *Prepper*[9], doch ihr Handeln sollte uns zum Nachdenken und zum Nachahmen anregen.

Wir tun Menschen, die sich einen Atombunker unters Haus bauen[10], als Spinner ab. Aber Prepper oder Spinner, sie haben uns zumindest eines voraus: Kommt es zu Katastrophen und brechen Kriege oder faustdicke Krisen aus, sind sie eventuell besser geschützt. Diese Menschen wissen dann, wie sie sich verhalten sollen, und sie wissen auch, dass Planung, Vorbereitung und schließlich der daraus resultierende Schutz leider fast ausschließlich in der individuellen Verantwortung liegen!

---

9 Prepper sind Menschen, die sich – ohne unbedingt paranoid zu sein – mittels individueller Maßnahmen auf alle Arten von Katastrophen sorgfältig vorbereiten. Prepper = to be prepared – bereit sein!

10 Mit der Ukraine-Krise, so kann man das getrost sehen, ist der Kalte Krieg neu entflammt, das heißt: Alles ist möglich! Diese Prozedere – Bunker im Keller – war in den USA gang und gäbe. Damals waren es die sogenannten „Family Fallout Shelters", und auch heute wächst diese Bunkermentalität wieder. Wir könnten uns vieles von ihnen abschauen, denn ein Übel kann es nicht sein.

1 KRISENHERD STADT

1

Ich sprach von Kriegen. So weit muss es aber nicht kommen, damit unsere Fähigkeiten auf den Prüfstand gestellt werden. Stellen Sie sich einfach vor, Sie wohnen mitten in der Stadt und werden ein Gefangener folgender Ereignisse.

Durch höhere Gewalt kommt es zu einer Finanzkrise, viel schlimmer noch als die der Jahre 1931 und 2008.

Daraus resultiert:

- **Zusammenbruch des globalen Finanzsystems und Wirtschaftskrise**
- **Leere Staatskassen**
- **Entlassungen**

- **... und noch mehr Entlassungen**
- **Anfangs friedliche Demonstrationen unzufriedener Bürger**
- **Schließlich Unruhen, Plünderungen, Wut und Zerstörung**
- **Absolute Verschärfung aller Sicherheitsmaßnahmen**

Die Begleiterscheinungen dieser unkontrollierten Abläufe wären *in der Gegenwart* folgende: Grenzschutz, Zoll und Küstenwache arbeiten erfolglos mit harten Bandagen gegen die wachsende illegale Migration, Zäune an der Grenze zu Österreich haben nichts gebracht, sie wurden einfach niedergerissen! Im Bundesamt für Bevölkerungsschutz und Katastrophenhilfe rauft man sich die Haare. Die Polizei arbeitet nonstop am Limit des Machbaren, zu viele Einsätze, zu wenig Personal und daher zu wenig Pausen zwischen den Einsätzen. In gewissen Stadtvierteln ist die Gewaltbereitschaft bereits so hoch, dass diese von unseren Ordnungshütern ganz einfach gemieden werden.[11] Die Bundeswehr wird für den Ordnungsdienst im Inneren herangezogen, doch auch die *Bürger in Uniform* sind unzufrieden. In ihren Reihen brodelt es. Weil der Sold nicht mehr in voller Höhe gezahlt wird, gehen viele Soldaten einfach nicht mehr in die Kasernen, aber das ist nicht der einzige Grund. Sie bleiben daheim bei Frau und Kind, weil ihr Instinkt es ihnen diktiert: Die Familie muss um jeden Preis vor dem Mob, der auf der Straße tobt, geschützt werden! Sie ist das Zentrum ihres Denkens und Handelns, nur sie gibt ihrem Leben einen tieferen Sinn. Unsere Nachrichtendienste kämpfen mit einer in dieser Intensität nie dagewesenen Flut von Cyberattacken auf deutsche Computernetzwerke, es gibt aber auch physische Angriffe (Anschläge) auf IT-Infrastrukturen im Inland.

> Im Mai 2015 hat es eine offenbar schwerwiegende Spähattacke gegen das Datennetz des deutschen Bundestags gegeben. Viele Abgeordnete mussten auf externe Rechner ausweichen. Unbekannte Hacker wollten sich Zugriff auf die Informationen aus dem Computersystem verschaffen.

---

11 Das ist in Frankreich längst Tagesordnung. Gewisse Banlieues in Paris, Marseille, Lille oder Nizza werden von den Ordnungskräften wohlweislich gemieden.

Eine der Folgen dieser Entwicklungen ist, dass die private Sicherheitsindustrie boomt. Private Wach- und Sicherheitsfirmen sind nun gefragter denn je. Die Besitzer großer Konzerne überlassen den Schutz ihrer Güter und ihrer Unternehmen hochbezahlten Wachleuten, doch diese sind kaum qualifiziert genug, den Anforderungen gerecht zu werden, nach denen unsere nach Schutz heischende moderne Gesellschaft nun schreit. Nur die wenigsten haben das Profil und die nötige Abgeklärtheit, den Job über die *gängigen* Standards hinaus zu bewältigen. Vor Schulen, Botschaften, Tankstellen sowie vor den wenigen Einkaufszentren, die noch ab und zu offen haben, stehen diese Möchtegern-Soldaten. Es sind glatzköpfige, selbstherrliche und kaum den Kindesschuhen entwachsene, schwerbewaffnete junge Männer. Viele sind *hart rechts*. Sie schießen zuerst und fragen dann. Ihr Lohn? Dreimal so hoch wie das Gehalt der staatlichen Ordnungskräfte!

Die Zutaten stimmen, das Krisenszenario steht; was noch fehlt, ist ein Auslöser für Mord und Totschlag, doch mit etwas (organisierter[12]) geschickter Manipulation ist alles möglich. Was zum Beispiel – *der Teufel ist ein Eichhörnchen* –, wenn genau in diese schweren Zeiten hinein Salafisten, Rechtsextremisten, Pegida oder die NPD und die in deren Schatten tanzenden, militanten Neonazis rasch an Zulauf gewinnen und wenn deren *Helfer* Jagd auf jeden machen, der irgendwie fremd – und derer sind es im Augenblick sehr viele – oder einfach zu bieder und zu *Deutsch* aussieht? Man benötigt ja schließlich einen Sündenbock für unser Malheur!

Alles ist möglich, vor allem aber auch deshalb, weil zu den angesprochenen Gruppen, neben völlig unauffälligen Bürgern, inzwischen Menschen aus dem gehobenen Mittelstand, aus der oberen Schicht, aus dem intellektuellen Umfeld, aus der Geschäftswelt und teilweise sogar aus dem militärischen Milieu gehören!

---

12 Nicht jedem in Europa gefällt, dass es Deutschland nach dem Zweiten Weltkrieg geschafft hat, sich zu einem Wirtschaftsriesen aufzuschwingen. Zu einem Riesen, der nun zwar (auch auf Grund der Flüchtlingskrise) ins Wanken geraten ist, der aber sicher auch diese Krise besser als alle anderen Staaten verdauen und der dann unangefochten wieder Rang eins in einem von der Krise gebeutelten Europa einnehmen wird. Der Gedanke, dass genau aus diesem Grund gewisse Kreise aus dem Ausland vieles drum geben würden, den Riesen Deutschland am Boden zu sehen, ist gut nachzuvollziehen.

Und wie verhalten sich derweil die linksradikale Szene und linksextremistische Organisationen?

Wir können darüber höchstens spekulieren, haben aber jetzt bereits einen explosiven Mix. Aber es geht noch weiter.

Unsere moderne Gesellschaft ist extrem anfällig. Was sie am nötigsten braucht, ist Energie. Kommt es im schon vorhandenen Chaos zu einem langandauernden Ausfall der Stromversorgung, dann wird es sprichwörtlich zappenduster.

Die Supermärkte?

Sind jetzt definitiv schon geplündert! Waren Sie schon mal bei einem unvermittelt angekündigten Wintereinbruch in den USA in einem Supermarkt? Die Menschen dort reagieren extrem brutal und entschlossen auf solche Ansagen. Wasser, Konserven beziehungsweise Langzeitnahrungsmittel werden in solch enormen Mengen gekauft, als wäre morgen schon der Weltuntergang. Innerhalb einer Stunde sind alle Regale leer. Wer nicht vorgesorgt hat, dem droht die Nachlässigkeits-Schelte in Form von Hunger und Durst, denn nach so einem Ansturm gibt es im Umkreis von hunderten von Kilometern keinen einzigen Supermarkt mehr, der noch über die bitter notwendigen Waren verfügt. Das ist keine Utopie, das ist bereits bittere Wahrheit!

In der Stadt Brazzaville sah ich im Juni 1997 mit eigenen Augen, wie Zivilisten von Ordnungskräften der Armee erschossen wurden. Ihr Vergehen? Sie und ihre Kinder waren hungrig und aus dieser Not heraus hatten sie einen Supermarkt geplündert! Hunger: Unsere Generation kennt ihn nicht. Noch nicht! Hunger und Durst haben das Potential, aus zunächst kleinen Konflikten offen ausgetragene, brutale Gewaltszenarios zu machen.

Für Diesel und Benzin zahlt man dann nicht nur eine Unsumme Geld, sondern steht auch stundenlang Schlange. Die medizinische Versorgung ist nur noch bedingt gewährleistet, so zum Beispiel nehmen die Krankenhäuser nur absolute Notfälle (... oder privat Versicherte) auf, und mit Blick aus dem Fenster: Wir haben Februar bei minus zwölf Grad! Alles kommt zum Erliegen. In den stillgelegten Zügen der Deutschen

Bahn haben Obdachlose (Deutsche und Refugees) ihr Quartier aufgeschlagen. Banden mit östlichem Akzent ziehen nachts um die Ecken und die Stunde des organisierten Verbrechens ist gekommen, deshalb auch nachts die Schreie und die vereinzelten Schüsse.

Müll, Ratten, Krankheiten in Sarajevo 1992.

Um den Müll[13] kümmert sich längst keiner mehr. Er häuft sich überall zu ganzen Bergen und die vom Abfall angezogenen Ratten huschen auch tagsüber ungeniert über Straßen und Wege, über denen der schreckliche Duft der Verwesung liegt. Wer *Verwesung* sagt, der meint im gleichen Atemzug *Epidemien*!

Haben wir mit diesen Horror-Vorstellungen die Grenzen des Möglichen und des Ertragbaren schon erreicht?

---

13 Die Tatsache, dass sich der Müll überall anhäuft, geht stets mit der Gewissheit einher, dass auch Ratten auf unseren Straßen zum Alltagsbild gehören. Ratten sollten in unsere Kochtöpfe wandern. Stellen Sie Fallen auf, schneiden Sie ihnen den Kopf ab und häuten Sie sie. Danach werden sie ausgenommen und einfach gegrillt. Dasselbe gilt für Frösche, Schnecken und Kleintiere wie Katzen oder Hunde. Ja, auch Hunde kann man essen! Schneiden Sie ihr Fleisch in Streifen, salzen Sie es kräftig und trocknen Sie es über einem offenen Feuer. So präpariert hält es sich am längsten. Sicher kostet es eine gehörige Portion Selbstüberwindung, doch am Leben zu bleiben erfordert manch Opfer.

Nein!

Wo einerseits langsam, aber sicher Zerfall und schließlich Notzeiten entstehen, wächst andererseits rasend schnell die kriminelle Energie. Das müssen wir leider so hinnehmen, denn es ist eine knallharte Tatsache. Dieses „kriminelle" hat stets das Gesicht vielzähliger, verschieden motivierter Gruppen und die echten Profiteure unserer *Notsituation* haben sich bisher ganz dezent zurückgehalten. Doch jetzt, im Chaos, zeigen sie sich.

1

Der schlimmste anzunehmende Fall wird Realität:

Das A-Szenario[14]

Sie haben sich nach und nach im Laufe der Jahre in einer Großstadt Deutschlands gefunden. Ein für ihre Zwecke günstiges Stadtviertel hat sich schnell herauskristallisiert. Dieses befindet sich im Stadtzentrum, dort, wo enge Straßenzüge, verschachtelte Gassen, Einbahnstraßen und verwinkelte Gebäudekomplexe aufeinandertreffen. Hier haben sie ihre

---

14 Ein Szenario, wie es derzeit auch bei uns absolut denkbar ist.

Kreise ständig erweitert und unter Bart und Nase unserer Behörden mehrere Wohnungen angemietet, sich niedergelassen und eingerichtet. Es war die Basis für alles, was noch kommen sollte.

Doch wer sind sie?

Es handelt sich um dreißig bis vierzig gut organisierte Männer und Frauen[15], Deutsche, Ausländer und Immigranten, eher unauffällige Personen, voll integriert, gut gebildet und nett. Das geschah nicht von heute auf morgen. Vielmehr war es ein Prozess, der sich über lange Jahre hinweg vollzogen hat. Irgendwann - Absicht und Zufall helfend - wurden sie radikalisiert. Nach außen hin sind sie bieder, in ihrer Brust jedoch tobt der Teufel!

Ihr Ziel?

Kontrollieren, töten, destabilisieren, Unruhe schaffen und Macht beziehungsweise (unsere) Ohnmacht demonstrieren!

Und sie fordern, dass Deutschland sofort seine Soldaten aus allen Ländern zurückzieht, in denen die Bundeswehr im Einsatz ist. Solange dies nicht geschehen ist, töten sie jeden Tag eine der Geiseln, über die wir später noch reden werden.

Die Piste?

Alles ist möglich! Vielleicht handelt es sich bei ihnen um religiös motivierte islamistische Terroristen, die ihre Stunde für gekommen halten. Möglicherweise sind sie Militante einer linksterroristischen Gruppe, aber wie auch immer. Anfangs waren nur einige von ihnen Hardliner der Sache, doch jetzt, im allgemein herrschenden Chaos, ziehen alle gemeinsam am selben Strang.

Und sie haben eine gute Ausbildung erhalten, sich Wissen angeeignet. Wo? Zunächst daheim, in ihrem Hinterstübchen, mittels einer Selbstradikalisierung durch das Internet, dann an unseren Schulen und Unis

---

15 Auch hier wird man an die bereits erwähnte Sauerlandgruppe denken, in deren Dunstkreis sich vierzig bis fünfzig junge Menschen bewegten.

und schließlich vermutlich direkt an der Front in den verschiedenen Krisenherden unserer Erde, in der Ukraine, in Syrien, in Afghanistan oder im Irak.

Sich in ihren Zielen einmal einig, taten sie dasselbe, wie wir es tun werden, wenn es später an die Hausverteidigung geht, nur großflächiger, besser organisiert, professioneller und vor allem viel unauffälliger!

Sie flochten ein breites, aber linientreues und verlässliches Netzwerk aus Informanten und Zuträgern, beschafften sich Nahrung und enorme Wasserreserven. Weiterhin hatten sie vor kurzem damit begonnen, in ihren Wohnungen Waffen zu horten, und nach und nach, im Laufe der Wochen und Monate, kommen neue hinzu, auch schwere Waffen wie Panzerfäuste, Maschinengewehre, Handgranaten, Explosivstoffe und Minen.

Bald schon verfügen sie auch über Munition in Hülle und Fülle.

Die Zerstörung ihrer Wohnungen und Häuser durch sorgfältig angebrachte Sprengsätze ist von ihnen für den Fall geplant, dass Sturmtruppen diese einzunehmen drohen, alle Eingänge sind ab Zeitpunkt X vermint. Nicht zuletzt besitzen sie Stadtpläne auf denen auch alle unterirdischen Tunnel der begehbaren Kanalisation eingezeichnet sind. Sie haben also auch gegen Pioniere und Tunnelratten vorgesorgt: Sprengfallen der neuen Generation versperren den vorrückenden Spezialisten der Einsatzkräfte dort den Weg!

Ihr Einsatzquadrat ist eine Fläche von etwa hundert auf hundertfünfzig Meter mit im finalen Stadium fast schon zu Stellungen ausgebauten Wohnungen (Aktionsraum) – acht bis zehn an der Zahl – die nicht ganz zufällig kreisförmig und in gewissen Abständen zueinander liegen. Von diesen Wohnungen aus können sie taktisch alle Schleichwege, die zu ihnen führen, mit Feuer und Blick überwachen. Rückzugswege ins zentral gelegene Hauptquartier, wo der letzte Kampf stattfinden könnte, sind von außen nicht einsehbar. Hier, in ihrem Logistikzentrum, wo sie mit Munition, Nahrung und Waffen versorgt werden, wo Verwundete gepflegt werden und wo sie Schlaf (Ruhezone) und neue Anweisungen bekommen, sitzt auch der Kopf der Bande.

Gibt es Flachdächer auf den Gebäuden rundum, so sind diese „vorbereitet" oder können von den Terroristen eingesehen und somit kontrolliert werden. Diese Flachdächer eignen sich für Landungen kleiner Hubschrauber oder um per Seil (*fast ropes*) Stoßtrupps abzuseilen. Sie werden deshalb vorsorglich mittels Sprengfallen, Tretminen, Stacheldraht und mit sperrigen, mit Feuer überwachten Hindernissen versehen, so, dass eben eine Anlandung nicht möglich ist.

Jetzt, die Stunde gekommen, sind sie zu allem entschlossen.

Die Operation beginnt mit einem Knalleffekt!

Eine Massengeiselnahme in einem Kinderhort, einem Supermarkt oder einer Schule.[16] Die Geiseln werden von Anfang an voneinander getrennt, in Grüppchen aufgeteilt und dann über alle Einsatzorte (Wohnungen) verteilt, wo sie als lebende Schutzschilder dienen.

Die Terroristen dort rauszuholen?

Das könnte sich als sehr schwer, ja als fast unmöglich herausstellen, würde aber sicherlich Wochen oder Monate dauern!

Lassen Sie unter den Männern nur eine Handvoll erfahrener Scharfschützen mit der nötigen *Ausrüstung* sein, einen oder zwei Sprengstoffexperten, einige routinierte, im Kampf erprobte Gruppenführer und gehen Sie davon aus, dass in jeder Brust dieser Terroristen ein kriminelles Löwenherz schlägt: Es müsste dann schon ein ganzes Fallschirmjägerbataillon eingesetzt werden, um der Situation noch Herr zu werden! Der Bundestag müsste entweder den Verteidigungsfall ausrufen (sehr unwahrscheinlich) oder die Bundeswehr im Rahmen des *Inneren Notstandes* einsetzen! Seit 2012 und laut Bundesverfassungsgericht gilt: In „Ausnahmesituationen katastrophalen Ausmaßes" darf die Bundeswehr auch im Inneren militärische Mittel einsetzen.

Ein A-Szenario wäre eine solche Ausnahmesituation.

---

16 Man erinnere sich an Beslan. Ein tschetschenisches Terrorkommando hatte im September 2004 eine Schule überfallen, fast tausend Menschen in eine Halle getrieben und den Rückzug aller russischen Truppen aus Tschetschenien sowie den Rücktritt Putins gefordert. Die Geiselnahme endete nach drei Tagen, 331 Menschen starben.

Es könnte von normalen Polizeikräften und bestehenden Einsatzkommandos alleine nicht gemeistert werden. Hier tut sich eine Lücke auf: die einer neuen „großen" Anti-Terroreinheit.[17]

Bei einem A-Szenario würde die *1/3-Regel,* die das Verhältnis Verteidiger-Angreifer im Orts- und Häuserkampf widerspiegelt beziehungsweise empfiehlt, nicht mehr der Realität entsprechen. Militärs wissen: Der *Großstadtdschungel* kann unter Umständen ganze Divisionen verschlingen. Aber solange es auch nur eine einzige lebende Geisel gibt, würde ein Zugriff bei uns in Deutschland wohl nicht stattfinden. Und das wissen die Täter. Sie kennen die Stärken unseres demokratischen Systems, aber auch dessen Schwächen.

Ich war 1992 in Sarajevo sowie 1997 in Brazzaville[18] und im selben Jahr in Bangui (Zentralafrikanische Republik) mit dieser Art Straßenkämpfe mal direkt, mal indirekt konfrontiert. Und ich weiß, dass gerade in dieser Kampfart eine Handvoll entschlossener Männer eine zahlenmäßig weit überlegene Übermacht auf Distanz und sehr lange in Schach halten kann, auch wenn diese Übermacht *schwere Mittel* einsetzt.

Mein Gefühl sagt mir, dass genau solche oder ähnliche Terroranschläge in einer oder mehreren Großstädten Europas geplant sind oder dass mit deren Organisation bereits begonnen wurde. Projiziert man ein A-Szenario in eine Zeit, in der bereits eine Krise vorherrscht – wie ein paar Seiten vorher beschrieben –, dann wäre das Leben in unseren Straßen fast nur noch von Alphatieren zu meistern oder von Menschen, die sich vorbereitet haben.

„Wir müssen wach sein und die größte Vorsicht walten lassen!"

---

17 Siehe auch Buchtitel: Terror im 21. Jahrhundert, Thomas Gast, Juli 2015, Epee Edition.

18 1997 kam es dort zu Auseinandersetzungen zwischen den rivalisierenden Fraktionen der Zulus (Präsident Pascal Lissouba) und der Cobras (General Denis Sassou Nguesso). Diese Kämpfer kannten sich in der Kampfart Urban Warfare (Straßen-, Orts und Häuserkampf) bestens aus und hatten den Vorteil: Sie kannten jeden Stein, jedes Haus, jede Straßenbiegung! Später mischten sich auch die Truppen des Bürgermeisters Bernard Kolelas, die Ninjas, in das Kampfgeschehen ein. Diese Banden teilten die Stadt untereinander auf wie einen Kuchen. Es war ein blutiger Krieg, der sogar uns Legionären ganz schön an die Nieren ging. Wir hatten mächtig viel zu tun, evakuierten über 6.000 Ressortisants (Europäer und auch andere) und waren täglich in kleine Scharmützel und Straßenkämpfe verstrickt. Die Straßen der Hauptstadt waren mit Leichen gepflastert in diesen Tagen und auch wir hatten Verluste.

Häuserkampf

B-Szenario

Das Vorgehen dieser Kriminellen gleicht dem der diskreten Stadt-Guerilla. Sie wohnen und arbeiten in schicken Quartieren, kommen aus allen sozialen Schichten, hauptsächlich aber aus dem intellektuellen Umfeld. Tagsüber sind es ganz normale Bürger, liebevolle Ehemänner und sorgsame Väter, während sie nachts ihre Identität radikal ändern, die Biederkeit abstreifen, um radikale Meetings abzuhalten, Raubzüge, Entführungen und Überfälle planen und durchführen, nur um sich bei Sonnenaufgang wieder unter die normale Population zu mischen. Im Vorfeld können solche urbanen Terroristen nur von engen Freunden oder der Familie selbst erkannt werden, denn sie machen kaum Fehler. Sie fallen nicht auf, weil ihre soziale Tarnung perfekt ist. Anders als die Kriminellen des *A-Szenarios* sind ihre Aktionen zeitlich begrenzt, der Gedanke einer längeren Konfrontation mit Ordnungskräften entfällt, ja er ist nicht einmal eingeplant. Dieses Szenario ist in Krisenzeiten nicht unbedingt das wahrscheinlichere.

Um uns ein *A-Szenario* in einem *kleinen* Rahmen etwas besser vor Augen zu führen, lassen Sie uns kurz einen Sprung nach Frankreich zum Fall Mohammed Merah machen. Sie erinnern sich? Der schlecht verschanzte, kaum 25-jährige Serienmörder Merah lieferte sich am 22. März 2012 in der Stadt Toulouse ein heftiges Feuergefecht mit den Einsatzkräften der Sondereinheit RAID.[19] Er kam schließlich durch die Kugel eines Scharfschützen ums Leben. Wenn man bedenkt, dass die französischen Behörden über 60 Männer der Eliteeinheit RAID direkt am Kontaktpunkt einsetzten - vom Polizeiaufgebot, das notwendig war, das Viertel abzuschirmen, kaum zu reden -, um einen einzigen, leicht bewaffneten, entschlossenen jungen Mann zu überwältigen, kann man sich ausmalen, was für blutige Straßenkämpfe es in unserem angenommenen Fall (A-Szenario) gäbe und wie stark die daran beteiligten Einsatzkräfte sein müssten. Doch spinnen wir das Garn weiter bis zum Ende. Stellen wir uns vor, dass das oben erwähnte A-Szenario in drei verschiedenen Großstädten gleichzeitig geschieht.

Es wäre eine nationale Katastrophe!

Unsere Soldaten müssten definitiv mit ran. Wer aber würde die Löcher stopfen, die sich durch den Abzug dieser Einheiten ja irgendwo öffnen? Anders gefragt, wer wartet darauf, dass genau diese Löcher zu genau diesem Zeitpunkt entstehen?

Was also sollen wir tun?

Wie können wir Bürger uns darauf vorbereiten?

Bevor ich Tipps und Anregungen gebe, einige weitere Fakten über mich. Ich wurde im Juli 1987 von Französisch Guyana abkommandiert und im September desselben Jahres nach Korsika zu den Fallschirmjägern der Fremdenlegion versetzt. Einmal im Regiment, ging es, nach dem

---

19 Recherche, Assistance, Intervention, Dissuasion. Sie setzten im Merah-Fall Video-Roboter, Blendgranaten, Scharfschützen und Schallbomben ein, benötigten aber mehr als 30 Stunden, um Herr über ihn zu werden, und das, obwohl Merah über keine Schanzmittel, keine Granaten oder Sprengstoffe, über kein ausgeklügeltes Verteidigungssystem verfügte. Auch die Handfeuerwaffen, die er hatte, eigneten sich nicht für den Häuserkampf.

Springerlehrgang, in die erste Kompanie. Diese war spezialisiert im Orts- und Häuserkampf sowie im Nachtkampf.[20]

Schon bald begann eine Phase der intensiven Vorbereitung auf den ersten Einsatz. Im Süden Korsikas, in Frasselli, lag ein Übungsdorf, in dessen Straßenzügen wir uns wochenlang, Tag und Nacht, in unserer Spezialität drillten. Es wurde scharf geschossen! Um mehr Effizienz zu erreichen, setzte unsere Kompanie später auch Kampfhunde ein. Dabei handelte es sich größtenteils um belgische Schäferhunde, von den Hundeführern der Legion ausgebildet. Irgendwann überschlugen sich dann die Einsätze: Tschad, Zentralafrikanische Republik, Bosnien, Kongo und kein Ende in Sicht.

Legions-Hundeführer

20 Jede unserer vier Kampfkompanien hat ihre eigene Domäne:
Erste Kompanie, les verts: Orts- und Häuserkampf. Nachtkampf.
Zweite Kompanie, les rouges: Kampf im Gebirge. Winterkampf.
Dritte Kompanie, les noirs: Amphibische Kompanie, Taucher, Kampfschwimmer.
Vierte Kompanie, les gris: Sabotage, Scharfschützen und Sniper.

In Frankreich bereiteten wir uns im Jahr 1998 darauf vor, in Mitrovica (Kosovo) eingesetzt zu werden, lernten von den französischen Eingreiftruppen der Gendarmerie und CRS alles über die *crowd and riot control*, die Kontrolle der aufgebrachten Massen. Wir tauschten unsere Waffe gegen Schlagstock, Gaspistole und modernste Schutzausrüstung, übten uns darin, Wortführer der UÇK[21] aus der Mitte gewalttätiger Demonstranten zu holen.

Ich schreibe das alles nicht, um mit meinen Taten zu prahlen. Vielmehr soll es meinen Ausführungen die nötige Glaubwürdigkeit geben. Die im Einsatz gewonnenen Erfahrungen machen es mir leicht, mit einem Blick Situationen, Häuser, Einrichtungen, Straßenzüge, aber auch die Verhaltensmuster bestimmter Menschen einzuschätzen, wo ich als Terrorist oder als Krimineller (oder als Kommandoführer irgendeiner Einheit) ansetzen würde, um mit Erfolg meine Ziele zu erreichen, oder wo derselbe Blick mir sagt: Lass lieber die Finger davon, das geht ins Auge!

Auf Grund der gemachten Erfahrungen in diesem teils rein militärischen, teils auch zivil-militärischen Umfeld erlaube ich es mir, einige einfache Grundprinzipien rund um das Thema Hausverteidigung und Verteidigung allgemein darzulegen. Einige wirken absurd. Weil sie sich in der Realität jedoch als sehr effizient herauskristallisiert haben, sind sie dennoch eine Überlegung wert.

---

21 Befreiungsarmee des Kosovo / eine albanische und paramilitärische Organisation.

2

Das Überleben und der Selbstschutz daheim und im heimischen Kriegs- und Krisengebiet

Und die Heuschrecken sehen aus wie Rosse, die zur Schlacht gerüstet sind; auf ihren Köpfen tragen sie etwas, das gold schimmernden Kränzen gleicht, und ihre Gesichter sind wie Gesichter von Menschen, ihr Haar ist wie Frauenhaar, ihr Gebiss wie ein Löwengebiss, ihre Brust wie ein eiserner Panzer und das Rauschen ihrer Flügel ist wie das Dröhnen von Wagen, von vielen Pferden, die sich in die Schlacht stürzen. Sie haben Schwänze und Stacheln wie Skorpione und in ihren Schwänzen ist die Kraft, mit der sie den Menschen schaden, fünf Monate lang.

Offenbarung des Johannes / Apokalypse
Die Bibel, Neues Testament nach der
ökumenischen Einheitsübersetzung
Kapitel 9, Vers 7 - 11

Ich bin mir völlig im Klaren darüber, dass ich gerade mit diesem Kapitel ein sehr heikles Thema anschneide, denn es geht um Kampf und um den *hypothetischen* Einsatz von Waffen. Und ich rede von schweren, fast kriegsähnlichen Krisen. Diese, da bin ich mir sicher, werden kommen. Ebenso klar ist es mir aber auch, dass darüber geredet oder geschrieben werden soll, besser früher als später, denn schon morgen könnten wir vor vollendeten Tatsachen stehen! Ich gehe in meinen Ausführungen von der Notwendigkeit aus, dass es für uns, die wir unser Land lieben und Kriege oder größere Krisen kaum kennen[22], wichtig ist, nicht nur die schönen, sondern auch die weniger attraktiven Seiten des Lebens kennenzulernen; und dafür male ich gerne den Teufel in Knallrot an die Wand.

Unsere persönlichen Räumlichkeiten lassen sich nur dann effizient verteidigen bzw. absichern, wenn wir das übergeordnete Umfeld nicht aus den Augen verlieren, wenn wir weiträumig und weitläufig denken. Im Zentrum dieses Denkens liegt unsere Familie, unsere Wohnung. Es folgen das Gebäude, in dem diese sich befindet, und schließlich das nähere, sichtbare Umfeld. Danach kommen der Straßenzug und das Wohnviertel. Natürlich dürfen wir die Menschen, die in diesem Umfeld leben, nicht vergessen. Gibt es Gefahren, dann gehen sie alle Anwohner etwas an, denn alle sind gleichermaßen davon betroffen. Bevor wir also daran denken, unseren Garten, unser Haus oder unsere Wohnung abzusichern, machen wir uns schon mal Gedanken darüber, was daran angrenzt und wie dieser Grenzbereich gefahrenfrei gehalten sprich (zunächst) passiv kontrolliert werden kann, denn ist die Gefahr schon beim Nachbarn, wird es auch eng für uns! Und genau in diesem Sinne und mit den nötigen Erfahrungswerten gehe ich die folgenden Kapitel an.

---

22 Die Majorität von uns entstammt einer Generation, die keine Kriege, kaum Krisen oder größere Unruhen mitgemacht hat.

3

Die weiträumige Absicherung

Unser Netzwerk

In Zeiten der Krise, welches Gesicht diese auch immer haben wird, kann im Resümee also Folgendes durchaus stattfinden.

- Kollaps der allgemeinen Ordnung. Erkennbare Hierarchiestrukturen gibt es keine mehr und es kommt zu stündlichen Ausschreitungen. Hier ist unsere Sicherheit direkt in Frage gestellt.

- Folgerichtig käme es zu einer unterbrochenen Kette der Warenlieferung: Es gäbe kaum mehr Nahrung. Die städtische Wasseraufbereitung wäre außer Kraft, die Trinkwasserversorgung nicht mehr garantiert. Das wenige Trinkwasser erreicht nicht mehr alle Bürger. Es käme buchstäblich zum Wasser- und Hungerneid und beides, mehr noch als des Menschen Schutzbedürfnis, löst immer eine extreme Angst, gefolgt von einer richtigen Massenhysterie, aus, weil wir es nicht gewohnt sind, länger als einen Tag ohne die für uns selbstverständliche, fast auf täglicher Basis stattfindende Logistik (Einkäufe, Bestellungen, Shopping) auszukommen, und weil wir nie in akuten Situationen waren, in denen es hieß, Vorsorge zu treffen, zu rationieren oder gar zu bunkern. Auch waren wir nie in der Situation, all diese Dinge, Waffe in der Hand, verteidigen zu müssen!

Solange jedoch interne Netzwerke bestehen und unser *Innerer Kreis*, auf den ich später noch zu sprechen komme, intakt ist, können zumindest sicherheitsrelevante Situation gemeistert werden und aus dieser Position der Stärke heraus gäbe es auch Lösungen, was den ganzen zum Überleben notwendigen Rest betrifft. Was wir jetzt bitter benötigen, sind:

- Informationen über die akuten Gefahren / Austausch von Informationen und Erfahrungen

- Helfende Hände, um diesen Gefahren zu begegnen

Informationen

Das fällt in den Bereich der Aufklärung und der Kommunikation. Hierzu ein selbst erlebtes Beispiel, wie simple Kommunikation einfach, aber *par excellence* funktionieren kann.

> *Ende des Jahres 2008 arbeitete ich als stellvertretender Country Manager für eine britische Sicherheitsfirma. Der Klient war die Delegation der Europäischen Kommission. Diese befand sich auf dem French Hill im nordöstlichen Teil der Stadt Jerusalem. Mein Büro teilte ich mit Abud, meinem palästinensischen Stellvertreter. Zusammen hatten wir ein Informations-System ausgeklügelt, das auf dem Senden von SMS basierte. Gab es irgendwo Demonstrationen, Schießereien, Gefahrenpunkte, neue Checkpoints etc., so wurde von denen, die davon erfuhren, sofort eine detaillierte SMS an alle gesandt, für die diese Information wichtig war. Am 27. Dezember, ich lief mit meiner Frau durch die Altstadt über die Via Dolorosa bis hin zur Grabeskirche, von dort Richtung al-Aqsa-Moschee und weiter zum Felsendom, vibrierte plötzlich mein Telefon. Meine Uhr zeigte 11.29 Uhr. Es war Abud. Wir sollten sofort die Altstadt verlassen und, egal was passiert, sofort zum Hotel zurückkommen. Israel hatte den Gazastreifen angegriffen. Essentiell war, dass diese SMS mich in Realzeit erreichte, also lange bevor die Medien öffentlich darüber berichteten. Ich brachte meine Frau zum Hotel und fuhr dann sofort ins Büro – erfreut, zu wissen, dass jeder im Netzwerk in derselben Sekunde dieselbe Information bekommen hatte und auf seinem Niveau bereits tätig wurde, was mir die Arbeit, auch im organisatorischen Bereich, unglaublich erleichterte.*

Was heißt das nun für uns? Nun, dass wir versuchen sollten, ein Netzwerk zu errichten, so dass wir stets zeitnah über drohende Gefahren, über Bewegungen, Vorfälle und Möglichkeiten zur Aufstockung des Vorrates an Materialien oder Lebensmitteln informiert sind. Wohnungen, Häuser, Straßenzüge, ja der ganze Wohnblock könnten sich zu einer Zone (*auch: Insel*) zusammenschließen, die in absoluten Krisenzeiten niemand ungesehen betreten kann (oder darf!), ohne dass es sofort jeder weiß. Man darf hier im weitläufigen Sinn gerne von einer Art *zunächst passiver* Bürgerwehr sprechen. In ländlichen Gebieten Deutschlands, da, wo die Polizei nicht oft zu sehen ist und es auf Grund dessen vermehrt zu Einbrüchen und Diebstählen durch organisierte Banden kommt, sind diese Bürgerwehren wieder im Kommen. In Normalzeiten machen Bürgerwehren nicht unbedingt Sinn, auch weil ein Missbrauch daraus resultieren kann, ein Missbrauch, der bis hin zur Lynchjustiz führen könnte! Grundsätzlich sollten wir gegen alle Bürgerwehren sein, die *rechtes Gedankengut* in sich tragen und die Menschen vereinen, die ihre bösen Neigungen, ihren Ausländerhass und ihre Gewaltbereitschaft veräußerlichen wollen. Das wollen und das brauchen wir nicht! In Krisenzeiten müsste jedoch ein Umdenken stattfinden. Dann sollten die Sicherheit und die Verteidigung unserer Werte jeden Bürger etwas angehen, doch das ausschließliche Ziel sollte sein, Gewalt, Kriminalität und Banditentum vorzubeugen, ganz egal, aus welcher Ecke sie kommen.

Mit dem Insel-System (Îlots) wurde ich zum ersten Mal im Jahr 1988 in der Zentralafrikanischen Republik (Bangui) konfrontiert. Es handelte sich hierbei um einen bis ins Detail ausgearbeiteten Sicherheitsplan. Dieser deckte jeweils eine festgelegte Zone sowie die darin lebende, zu beschützende Gemeinschaft ab. Der Plan trat erst im Krisenfall in Kraft, es gab aber ein- oder zweimal im Jahr Übungen. Ganz wichtig zu wissen waren die bei Gefahr anzulaufenden Punkte bzw. Sammelstellen, um von dort aus Evakuierungen vorzunehmen oder um sich, im Extremfall, zur Verteidigung zusammenzuschließen. Jeder Betroffene hat abhängig davon, in welchem Viertel er wohnt, einen Verantwortlichen. Dieser verfügt über sämtliche notwendigen Mittel zur Kommunikation mit den verschiedenen Autoritäten. Er ist in ständigem Kontakt mit seinen Landsleuten. Die Franzosen arbeiten hier vorbildlich. Ob es kriselt oder nicht, es erscheint stets äußerst wichtig, immer eng mit den Militärs und den zivilen Autoritäten zusammenzuarbeiten. Diese ständige Kooperation hat schon manch Leben gerettet!

Wagen wir den Sprung zurück in ein anderes Land und in eine andere Zeit: Sarajevo, 1992. Während der Belagerung Sarajevos schlossen sich die Menschen der verschiedenen Straßenzüge zu einer Art Bürgerwehr zusammen. Nur der Zusammenschluss zu einem kleinen Bündnis erlaubte es ihnen, zu überleben. Tagsüber wachten ihre Scharfschützen (Sniper) über das Gebiet und nachts liefen bewaffnete Männer Patrouille. Bewegungen waren grundsätzlich nur nachts möglich! In diesen Straßenzügen wurde auch Handel getrieben. Wer nicht dazugehörte, der wurde mit größtem Misstrauen behandelt, denn Eindringlinge wollten meist nur töten, plündern und vergewaltigen!

Es macht Sinn, Alarmstufen festzulegen und diesen ggf. durch Nummerierung und mittels Farbcodes einen Namen zu geben. Auf diese vordefinierten Phasen der Bedrohung hin könnten die Verhaltensregeln von allen Mitstreitern einheitlich gestaltet werden.

Hier ein Beispiel:

1	***Grün***	***Minimales Risiko*** *Es gibt Unruhen und Krawalle. Mit Gefahren ist jederzeit zu rechnen. Gewisse Quartiere sowie Bewegungen außerhalb des Schutzes durch Gebäude sind zu meiden. Außer der bereits hohen Aufmerksamkeit bedarf es aber keiner besonderen Handlung.*
2	***Gelb***	***Erhöhtes Risiko*** *Evakuierungen für isoliert Lebende sind notwendig, weil sie exponiert und somit ein leichtes Ziel sind. Wir rücken näher zusammen, halten nun ständig Kontakt. Ein Handlungsbedarf ist insofern gegeben, als vermehrt Kontrollen der Kommunikationsmittel durchgeführt, Informationen sofort ausgewertet und die Ergebnisse sofort an alle weitergegeben werden.*

3	**Orange Imminente Gefahr**	
		Der normale Tagesbetrieb wird ganz eingestellt, es kommt zu Lagebesprechungen der Verantwortlichen. Hier wird das weitere Vorgehen beschlossen. Alle Mittel, um Gefahren abzuwenden, werden angewandt. Bewegungen außerhalb definierter Bereiche finden nur selten statt.
4	**Rot**	**Krise / Kriegszustand**
		Alle vorher besprochenen aktiven Maßnahmen werden angewandt. Es werden Bilanzen gezogen: Gibt es Opfer? Wo ist am dringendsten Handlungsbedarf? etc.

Das sind ähnliche Prozeduren wie sie von Botschaften und Konsulaten fein ausgeklügelt, für Deutsche im Ausland (*Expats*) bereits angewandt werden, doch die Realität könnte uns bald schon im eigenen Land einholen. Das alles bedarf natürlich einer straffen Organisation und wenn das Land, die Stadt oder die Gemeinden in Krisenzeiten keine Vorsorge treffen, so müssen die Bürger ihr Los wohl selbst in die Hand nehmen. Die Auswahl, wer Teil dieses Netzwerkes wird, das – je nach Lage – Tag wie Nacht aktiv ist, obliegt den freiwilligen oder gewählten Verantwortlichen, was kein Leichtes ist. Falsche Informationen von *fragwürdigen Informanten* können mehr als kontraproduktiv sein. Als Kommunikationsmittel können u.a. dienen:

- Handfunkgeräte, Handys und Smartphones
- GSM, GPS oder GPSR Telefone
- Stafetten (Melder / Eilboten)
- Signaltöne, Zeichen, Flaggen
- Festnetztelefon, sofern es noch ein Signal hat

Zweiwegfunkgerät Motorola DP 3400. Erhältlich in UHF- und VHF-Version.

Kreuzungen, Straßen, einzelne Gebäude, Sammelpunkte, Namen, bestimmte Gruppen und deren Verhaltensweisen per Geländetaufe beziehungsweise Codewörter oder Farbcodes festzulegen, kann Sinn machen. Der Zugang könnte über Losungswörter bzw. Passwörter gewährt werden: Diese ändern sich täglich!

Sie sehen schon, in dieser Domäne gibt es viel Arbeit, doch Engagement, Einfallsreichtum und Überstunden zahlen sich immer aus. Radios, am besten Weltempfänger, sind unentbehrliche Geräte, denn unser ganzes Verhalten ist in allen Phasen der Eskalation informationsabhängig. Zweiwegfunkgeräte könnten schon bald unser wichtigstes Kommunikationsmittel werden.

Hier die geläufigsten Pro-Wörter für den Funk-Sprachgebrauch

Wir Deutschen sind sprachbegabt. So sprechen viele von uns eine zweite oder gar dritte Sprache - meist Englisch, weil es unabdingbar, und Französisch, weil es nun mal die Bildungssprache schlechthin ist. Anbei einige Wörter auf Englisch und ihre Übersetzung. Wir nennen sie

Pro-Wörter. Sie werden in der Funksprache verwendet und eignen sich für eine schnellere Kommunikation sowie für eine bessere Funkdisziplin. In Anbetracht der Möglichkeit, dass es in unserem Netzwerk auch Menschen gibt, welche die deutsche Sprache nicht sehr gut beherrschen, wähle ich diese englischen Begriffe, denn Englisch versteht fast jeder.[23]

E.T.A.[24] please	Wann ist Ihre voraussichtliche Ankunftszeit?
E.T.D.[25] please	Wann ist Ihre voraussichtliche Abfahrtszeit?
Destination please	Wohin sind Sie unterwegs? (Wann immer möglich: verschlüsseln.)
Disregard	Die letzte Meldung war ein Irrtum. Bitte ignorieren!
Figures	Es folgen ausschließlich Ziffern.
From	Der Urheber der Nachricht ist ...
To	Der Empfänger der Nachricht ist ...
I say again	Ich wiederhole meine Nachricht.
I spell	Ich buchstabiere das Wort phonetisch.
Location please	Wo sind Sie? (Wann immer möglich: verschlüsseln.)
Maintain silence	Übermitteln Sie bis auf Weiteres keine Nachrichten.
Out	Dies ist das Ende meiner Übermittlung, es braucht nicht geantwortet zu werden. (Wird nur von der Zentrale gebraucht.)
Over	Es ist das Ende meiner Übermittlung, antworten Sie.

23 Der Prozedur, auf Englisch zu kommunizieren, steht entgegen, dass auch der Gegner die Sprache versteht. Man muss abwägen.

24 ETA = Estimated time of arrival

25 ETD = Estimated time of departure

Please verify	Wird benutzt, wenn die Wahrheit oder Richtigkeit einer Übermittlung bestätigt werden soll.
Pass your message	Ich bin bereit und warte auf Ihre Nachricht.
Phone in	Telefonieren Sie, so bald wie möglich, mit der Zentrale.
Read back	Wiederholen Sie die Nachricht für mich.
Relay to	Übergeben Sie die Nachricht an ...
Roger	Ich habe Ihre Nachricht korrekt erhalten.
R.T.B.[26]	Kehren Sie zur Basis zurück.
Say again	Wiederholen Sie Ihre letzte Übermittlung (oder einen Teil davon).
Speak slower	Sie sprechen zu schnell oder für mich unverständlich.
Stand-By	Bleiben Sie in Position, um weitere Informationen zu empfangen.
T.A.	Tatsächliche Ankunftszeit am Bestimmungsort
That is correct	Korrekt oder Sie haben korrekt übermittelt.
Unknown station	Das Rufzeichen einer Station, die Kontakt aufzunehmen versucht, ist nicht bekannt.
Wait	Ich muss einen Moment Pause machen oder ich kann nicht sofort auf Ihre Übermittlung antworten.
Wilco[27]	Ich habe Ihre Übermittlung erhalten, ich habe verstanden und leiste Folge.
Word before / -after *(say again!)*	Wiederholen Sie einen Teil Ihrer letzten Übermittlung.

26 R.T.B. = Return to Base
27 Will comply

Information ist Kapital!

Allen Gegebenheiten zum Trotz haben wir immer eine Alarmliste mit Telefonnummern, E-Mail-Adressen und Funkfrequenzen folgender Institutionen parat.

- Polizei
- eventuell Konsulat, Botschaft, Auslandsvertretungen
- Stadtverwaltung / Bürgermeisteramt / Bürgerrat
- Nahe Kasernen / Militärische Verwalter / THW
- Ärzte / mobile Ärzte, Notaufnahmen / Krankenhäuser in der Nähe

Helfende Hände

Ob ein Mauerdurchbruch, ein Brunnen, eine defekte Wasserleitung oder ein technisches Problem mit der Waffe oder dem Funkgerät, jedes Ding hat seinen Meister. Herauszufinden, wer im Netzwerk sich am besten für die Beseitigung der jeweiligen Probleme eignet oder wer für die Beschaffung von Wasser, Nahrung und anderen Mitteln der beste Ansprechpartner ist, ist eine Sache der Mund-zu-Mund-Propaganda. In jedem größeren Haus mit mehreren Parteien finden wir diese Spezialisten, denen man es nicht immer ansieht. Sie sind Soldat, Schuster, IT-Spezialist, Metzger, Pfarrer, Elektriker, Schlosser, Lehrer, Chirurg und Apotheker. Ein Plus wären diese und andere Berufe allemal, denn Wasser, Nahrung und Energie werden mit der Zeit immer weniger. Man verbraucht sie. Wissen jedoch bleibt! Und dieses Wissen, vor allem, wenn es vielfältig ist, beschafft uns indirekt wieder all das, was wir zum Überleben benötigen. Wenn jemand in Notzeiten etwas Wichtiges reparieren kann oder Ideen besitzt, die anderen helfen, dann wird er nie Hunger leiden.

Sind Sie jemand, der seine Familie beschimpft oder Teile davon isoliert, der Freunde ablehnt, kaum Bekannte hat und den Nachbarn ständig harte Zeiten beschert, dann hat sich das für Sie erledigt. Niemand wird je einen Finger für Sie krumm machen. Also seien Sie (im täglichen Le-ben und auch angesichts möglicher Krisen) im höchsten Maß kooperativ und helfen Sie den anderen, wann immer es geht – und das alles, ohne etwas dafür zu verlangen. Ihre positive Attitüde wird sich herumsprechen, aber anstatt Sie auszubeuten und von Ihrer billigen

Arbeitskraft zu profitieren, wird man Ihnen im Gegenzug mit Freundlichkeit und mit helfenden Händen begegnen. Der Mensch ist von Natur aus sehr empfänglich für Hilfsbereitschaft und Sympathie, das ist wohl in seinen Genen verankert, und so möchte ich das Zitat *„Hilf dir selbst, sonst hilft dir keiner“* [28] nicht unbedingt bestätigen. Eine gut funktionierende Zweckgemeinschaft im Stile von *„Du sorgst dafür, dass mein Wasser trinkbar ist, ich im Gegenzug bin der Garant dafür, dass du immer Fleisch auf dem Teller hast“* ist ein anzustrebendes Ziel. Eine Zweckgemeinschaft, in der jeder des anderen Schutz genießt und von den Fähigkeiten des anderen profitiert: Das macht Sinn!

4

Der Nahbereich

Das Haus in eine Festung zu verwandeln macht nur dann Sinn, wenn eine ganze Gruppe da ist, es zu verteidigen: viele Arme, viele Waffen und viel Munition! Warum? Weil sich hinter den Mauern einer augenscheinlichen Festung immer etwas Wertvolles verbirgt. Und genau das wollen die anderen auch. Fast immer ist eine diskrete, armselige Wohnung ein weitaus besserer Schutz.

Sie haben viele Arme und die angesprochenen Mittel? Na dann los!

28 Dr. Gerhard Kocher, 1939

Zunächst müssen wir uns wiederfinden. Es geht hier nicht darum, normalen Einbrechern den Zugang zum Haus zu erschweren, denn das ist selbstverständlich und findet unbewusst auch in Normalzeiten jeden Tag statt. Heute aber ist kein Tag wie jeder andere, denn wir stecken mitten in einer schlimmen Krise. Auf unseren Straßen herrschen Gewalt und Willkür. In dieser Situation müssen wir kühn sein. Stur die Gesetze zu befolgen ist hier nicht mehr Tagesordnung, denn es geht ums Überleben. Ziel ist es, jedem Eindringling so energisch wie nur irgend möglich entgegenzutreten und ihm somit für alle Zeiten zu signalisieren: Stopp! Bis hierher und nicht weiter! Er muss zumindest erahnen können, was für ein hohes Risiko er eingeht, wenn er seine Aggression, denn das ist ein Einbruch allemal, nicht sofort beendet.

Nein, so sollte Ihr Haus deswegen nicht aussehen.

Unter unserem Grundstück verstehen wir Garten, Hof, Vorplatz, Auffahrt, Garage und andere nicht erwähnte Zugänge. Die äußeren Arrangements, dieses Grundstück betreffend, sollten umfassen:

- **Warnschilder** (zwei- oder dreisprachig[29])

  Zum Beispiel:

  „Betreten verboten!"
  No trespassing! Accès interdit

  „Vorsicht, bissiger Hund!"
  Beware of the dog! Chien méchant[30]!

  „Betreten auf eigene Gefahr"
  At one's own risk! Vous entrez à vos risques et périls!

In Krisen- bzw. Kriegszeiten wird überdies explizit auf den eventuellen Schusswaffengebrauch hingewiesen. Ob dem dann so ist, sei dahingestellt. Der Aggressor muss mit dem Zweifel leben.

- **Eine Umzäunung**

  Der Zaun soll nun nicht mehr der Dekoration dienen, sondern eindeutig die Sicherheit verbessern. Eine teure, aber sehr gute Variante wäre der zweieinhalb bis drei Meter hohe Betonzaun, mit einer Zackenleiste als Übersteigschutz. Halten Sie die Vegetation auf Abstand. Von außen wäre ein drei bis vier Meter breiter Gürtel ohne Bewuchs am besten, und dieser Geländeabschnitt ist nachts idealerweise beleuchtet und kameraüberwacht. Die Umzäunung sollte einmal täglich auf Schäden (Spuren?) überprüft werden.

- **Ein Alarmsystem**
  Die Fläche vom Zaun bis zum Haus kann mit Stolperdrähten versehen werden. Je nach Einfallsreichtum sind diese so beschaffen, dass sie Alarm auslösen. Das beste Alarmsystem ist

---

29 In diesem Beispiel auch Englisch und Französisch, da es die meistverbreiteten Sprachen sind.

30 Sehr geläufig auch: Attention aux chiens!

ein Hund, doch dieser ist natürlich anfällig, weil er eventuell den Blicken und somit den Einwirkungen der Waffen (Geschosse), die sich gegen ihn richten könnten, ausgeliefert ist. Ist der Hund[31] nicht gut dressiert, besteht außerdem die Gefahr, dass er vergiftet wird.

- **Beobachtung / CCTV[32]**

Achten Sie beim Anbringen der Kameras darauf, tote Winkel minimal zu halten. Zu berücksichtigen ist auch die Einwirkung des Sonnenlichts. Außerdem sollten die Kameras vandalensicher sein. Das erfordert, sie so anzubringen, dass man sie mit bloßer Hand oder mit einem Stock oder einer Stange nicht erreichen kann. Ein Schutzgitter um dieselben hält geworfene Steine ab. Selbst Attrappen haben manchmal eine abschreckende Wirkung. Es gibt inzwischen IP-Kameras [33]sowohl für den Außenbereich als auch für die Innenräume. Über WLAN, sollte selbiges in jenen schweren Zeiten noch funktionieren, kann man sie in fast jedes Netzwerk integrieren. Sie eignen sich somit perfekt für die Fernüberwachung via PC oder Handy.

Überwachungskamera

31 In unserer Kaserne gab es entlang der Umzäunung große Gehege und Laufgitter mit Gänsen darin: Das perfekte Alarmsystem auf zwei Beinen!

32 Closed Circuit Television. Videoüberwachung mittels Kamera. Die ersten Fernsehsysteme mit geschlossenem Kreis bestanden grob aus Kamera, Linse, eventuell einem Monitor und einem Videorekorder mit all den notwendigen Verkabelungen. Vor-Ort- wie auch Fernüberwachungen waren möglich. Alle Aktivitäten innerhalb des abgesicherten Bereichs konnten für eine spätere Verwendung aufgezeichnet und archiviert werden.

33 Netzwerk-Kameras, die in privaten Haushalten immer mehr Verwendung finden.

- **Sperren und eventuell Trittfallen**

  Sofern Sie den Garten in Krisenzeiten nicht mehr nutzen, spannen Sie dort in etwa 30 Zentimetern Höhe über dem Boden ein engmaschiges Netz aus Bandstacheldraht. Das macht nicht nur ein schnelles Vorwärtskommen unmöglich, sondern fügt dem unbefugten Eindringling Verletzungen zu, die er nur in Kauf nimmt, wenn ihm wirklich sehr viel daran liegt, in die Nähe des Hauses zu kommen, wo Sie ihn sprichwörtlich *Gewehr bei Fuß* erwarten, denn der Hund sowie die Kamera und die Geräusche, ausgelöst vom Stolperdraht, haben Sie gewarnt.

Im Rahmen des Möglichen[34] stellen Sie sicher, dass in *Normalzeiten* Garten, Hof und Auffahrten nachts beleuchtet sind. Einbrecher lieben die Dunkelheit. In Krisenzeiten jedoch bleibt das Licht immer aus, zumindest aber sollte es so abgedunkelt werden, dass man es von weitem nicht sieht. Licht ist in solchen Fällen der Krise keine Abschreckung mehr, sondern wirkt wie ein Magnet. Bewegungsmelder ergänzen das Alarmsystem, besser gesagt, sie sind ein wichtiger Bestandteil davon. Der Rasen ist kurz gehalten (einwandfreie Sicht), Büsche und Bäume dürfen kein Versteck bieten und Bäume, Fahrzeuge oder Materialanhäufungen nahe der mit Stacheldraht gekrönten Umzäunung sollten nicht als Einstiegsmöglichkeit dienen können.

34 Sicherlich gibt es längst keinen elektrischen Strom mehr.

5

Unsere Wohnung, das letzte Refugium

Die Zahl der Einbrüche in Deutschland ist bereits in Normalzeiten sehr hoch. Alleine im Jahr 2014 gab es 160.000 Einbrüche bei uns in Deutschland. Einbrecher - vor allem, wenn es sich um organisierte Banden[35] handelt - gehen höchst professionell, zielstrebig und in Krisenzeiten auch mit hoher Gewaltbereitschaft und krimineller Energie[36] ans Werk. Ähnlich wie Kidnapper führen sie ihre Observationen durch, wägen ab, suchen Lücken. Es ist fast immer so, dass sie dem l*eichten Ziel* den Vorrang geben. Wären Sie ein Einbrecher, in welches Haus würden Sie lieber einsteigen, oder es versuchen?

- In das eines reichen, aber kernig aussehenden Jägers, eines gut durchtrainierten Sicherheitsbeamten oder Ex-Profisoldaten, von denen man weiß oder ahnen kann, dass sie unterm Bett eine oder mehrere Schrotflinten liegen haben und bei denen sich zwei oder drei Rottweiler im Garten tummeln?

... oder

- In das Haus eines gut betuchten Yoga-Lehrers, der friedfertig aussieht wie Gandhi, auf dessen Hausdach eine weiße Taube sitzt und an dessen Türe groß *Welcome* steht?

Bei gleicher Lukrativität - in beiden Fällen wäre die anzunehmende

35 Meist sind international organisierte Banden am Werk. Diese Burschen würden in Krisenzeiten die Schwächen, die mit dieser Krise einhergehen, gnadenlos ausnutzen.

36 Hohe kriminelle Energie heißt in diesem Fall, dass sie sehr gut ausgerüstet, sehr gut informiert und bestens organisiert sind.

Ausbeute sehr groß – denke ich, dass Sie Ihre Wahl bereits getroffen haben.

Doch wie können wir Vorsorge treffen? Unsere Wohnung soll schließlich nicht zu einem Bunker werden, aber *sie ist vielleicht unser letztes Refugium!* Hier müssen wir uns angstfrei bewegen, uns wohlfühlen und Kräfte sammeln können. Nirgendwo auf Erden sollten wir sicherer sein als hier.

Diese Sicherheit könnten wir uns auch etwas kosten lassen. In Zeiten, in denen Frieden herrscht und es uns gut geht, verschwenden wir kaum Gedanken an die Sicherheit des Hauses und genau das ist der Irrtum, den viele begehen. Stecken wir nämlich mitten in der Krise, und eine solche kommt meist immer völlig überraschend und über Nacht, ist es fast ein Ding der Unmöglichkeit, noch schnell all die Maßnahmen zu treffen, die bitter notwendig wären, um unser Leben noch in einer akzeptablen Weise weiterzuführen und um das Überleben unserer Familie zu garantieren. Ein regelrechter Ansturm auf Alarmanlagen, Kameras, Sandsäcke, Baumaterialien sowie diverse technische Hilfsmittel und vor allem auf Wasser und Nahrung ließe die Preise dafür ins Unermessliche steigen. So könnten ein Sack Zement, dreißig Ziegelsteine, eine Handvoll Nägel und zwanzig Liter Wasser leicht 1800 Euro kosten.

Schön für diejenigen, die noch über etwas Geld verfügen oder die Vorsorge getroffen haben!

Woher kommt die Gefahr?

Das Erdgeschoss ist auf den ersten Blick am meisten exponiert und folgerichtig der privilegierte Zugang zu unserer Wohnung?

Falsch!

Falsch zumindest, was den privilegierten Zugang betrifft. Jeder Profi, der sich im Häuserkampf etwas auskennt, weiß, dass der Zugang über das Dach und über Öffnungen oder Durchbrüche im Dachstuhl am erfolgversprechendsten für die Einnahme des Hauses sowie auch für eine weitere Aktion danach ist. Der Grund ist einfach.

• Es geht um den Überraschungseffekt. Der greift aber nur, wenn ich es mit Nicht-Militärs zu tun habe. Kaum ein Zivilist rechnet damit, dass jemand über das Dach einsteigt. Ein Zivilist richtet sein Augenmerk auf die Haustüre, den Haupteingang und auf die Einstiegsmöglichkeiten im Keller. Um zu überleben muss man den nötigen Argwohn besitzen und immer die Hinterlist des Gegners mit einkalkulieren, wie gute Soldaten es üblicherweise tun.

• Wer die Höhen hat, hat auch das Tal! Das ist eine alte Soldatenweisheit.[37] Oben dominiert! Wer das Obergeschoss hält, beherrscht und kontrolliert alles unterhalb.

• Eine Granate, einen Molotowcocktail oder einen Rauchtopf von oben nach unten zu werfen, ist leicht. Andersrum könnte das ins Auge gehen.

Begeben Sie sich also zuerst außer Haus und studieren Sie alle Möglichkeiten, die es gibt, von oben in das Haus einzudringen. Stellen Sie sich dabei vor, Sie wären der Kriminelle. Denken Sie in dieser Rolle in aller Ruhe nach und machen Sie sich Notizen:

• Wie würde ich es anstellen, zuerst da hoch und dann ins Haus zu kommen – und an welcher Stelle?

• Was, im näheren Umfeld, eignet sich als Kletterhilfe?

• Wo käme ich beim besten Willen nicht hoch?

• Gibt es die Möglichkeit, von Nebengebäuden aus das Dach zu erreichen?

---

37 Diese Weisheit hat sich auch bewährt. Sehr oft aber ist diese Art, vorzugehen, alleine auf Grund der Häuserkonstruktion nicht möglich. Überhaupt sollte, gerade was den Häuserkampf angeht, nie der Zeitpunkt kommen, an dem starre Methoden privilegiert werden, ohne gleichzeitig andere Varianten sofort umsetzbar parat zu haben. Die Dynamik des Häuserkampfs soll sein wie der Weg des Wassers: Es fließt dorthin, wo der Widerstand scheinbar am geringsten ist, nur um dann, völlig überraschend, seinen Lauf aus der Bewegung heraus zu ändern! Es passt sich an, variiert jedoch von einer Sekunde zur nächsten Drang, Richtung und Geschwindigkeit. Es weiß auszuweichen, bleibt aber nie still. Taktiken, die im ersten Geschoss noch vom Erfolg gekrönt waren, finden in der zweiten Etage schon keine Anwendung mehr. Häuserkampf erfordert denkerische Schnelligkeit, körperliches Topniveau, eiserne Disziplin, aber auch spontanes Draufgängertum und eine geradezu beängstigende Flexibilität.

Nach dieser Analyse gehen Sie zurück ins Haus, hinauf ins obere Stockwerk und danach auf den Dachboden. Sehen Sie sich in diesen oberen Etagen Ihres Hauses sehr genau um und überlegen Sie:

- Welche Öffnungen gibt es?
- Wie sind sie von außen zugänglich?
- Welche Öffnung ist total überflüssig?
- Würden Gitter helfen, den Weg zu versperren?

Jetzt geht es an die Arbeit. Machen Sie sich einen Plan, wie Sie Punkt für Punkt Abhilfe schaffen können, und halten Sie fest, welche Mittel es bräuchte, Ihren Plan in die Tat umzusetzen.

Beseitigen Sie zunächst alle beweglichen Einsteighilfen. Gibt es Stellen – Garagen, Mauern, Regenrinnen etc. –, von denen aus man aufs Dach gelangen kann, so sichern Sie diese mit Stacheldraht ab. Umwickeln Sie Masten, Laternen oder Außengitter mit Bandstacheldraht und entfernen Sie Haken und Ösen, an denen man sich hochhangeln könnte. Auf das Flachdach der Garage könnten Glasscherben gestreut oder gar „Spitzen nach oben" einzementiert werden, das gilt auch für eventuelle Vorsprünge oder Simse. Mauern Sie die Öffnungen zu, die total überflüssig sind, und vergittern Sie alle anderen. Die Gitter können fest in das Mauerwerk eingedübelt werden, ich empfehle jedoch, sie von innen so zu installieren, dass man sie je nach Bedarf anbringen und wieder abnehmen kann, denn jede Krise hat einmal ein Ende.

Es gibt Modular-Steck-Strickleitern, die ausgezogen eine Länge von fünf bis sieben Metern oder mehr erreichen. Diese sind am oberen Ende mit einem Haken versehen. Gibt es eine Stelle am Haus, wo man diesen einhaken kann, und sei es in sieben Metern Höhe, dann schafft ein geübter Bandit es allemal, nach oben zu kommen. In der Legion arbeiteten wir mit solchen Leitern (der PUGA Leiter) und aus Erfahrung kann ich sagen:

Eine Öffnung in 6 Meter Höhe und eine Möglichkeit die Leiter einzuhaken?

→ *7 Sekunden später*

... klopft schon jemand bei Ihnen ans Fenster!

Glasscherben

Für das Erdgeschoss gilt es, die tatsächlichen Zugangsmöglichkeiten auf ein striktes Minimum zu reduzieren:

- Einen einzigen Ein- und Ausgang.
- Einen (zusätzlichen) diskreten Flucht- und Notausgang.

Alle anderen Öffnungen werden eventuell zugemauert oder zumindest so hergerichtet, dass sie höchstens als Observationsposten von innen nach außen benutzt werden können. Verbarrikadieren Sie Türen und Fenster von innen mit Brettern und halten Sie Zement, Balken und Ziegelsteine parat.

Apropos Türen

- Alle Türen im Haus sollten prinzipiell sehr solide sein.

- Keine Glastüren, die nach außen führen!

- Haben Sie immer zwei Schlüssel für jede Tür in Ihrem Haus und stellen Sie sicher, dass nur Sie (und die Familienmitglieder) die Kontrolle darüber haben.

- Versehen Sie Haupteingang und Wohnung mit einer Sprechanlage. Diese könnte CCTV-überwacht sein.

- Sie öffnen eine Türe erst dann, wenn Sie sicher sind, wer davorsteht!

- Auch wenn Sie daheim sind: Lassen Sie die Haupteingangstüre – sowie alle Türen, die nach draußen führen – immer abgeschlossen.

- Ein Spion gehört in jede Tür, die nach außen führt.

- Versteckte Spiegel dienen dazu, tote Winkel einzusehen.

Lose, engmaschige Gitter oder doppelte Drahtgeflechte, vor allen Öffnungen angebracht, halten Wurf-Granaten jeder Art und Molotowcocktails davon ab, ihr Ziel zu erreichen. Die Außenwände werden von innen mit Sandsäcken verstärkt und um von einem Raum schnellstens in den nächsten zu kommen, eignen sich Wand- beziehungsweise Mauerdurchbrüche.[38] Legen Sie sich für die Rollläden des Erdgeschosses Rollladensicherungen gegen unbefugtes Hochschieben zu.

---

38 Wenn israelische Spezialeinheiten sich im Häuserkampf vorwärtsbewegen, dann nicht in den gut einsehbaren Straßenzügen, sondern, nicht sichtbar, von Haus zu Haus. Sie betreten die Straßen kaum, machen vielmehr Mauerdurchbrüche im Inneren. Für alle Einheiten gilt: Die psychologische Anspannung ist enorm! Unstabile Menschen werden einen beinhart geführten Häuserkampf kaum heil überstehen.

Halten Sie reichlich Wasser für Löschzwecke bereit!

Eine stets volle Badewanne, gefüllte Eimer oder Kanister, besser noch ein oder zwei geeignete Feuerlöscher[39] und eine Feuerdecke kann ich nur wärmstens empfehlen.

> *Ein Feuer bricht aus. Sie leben in einem Appartement ab dem zweiten Stock aufwärts. Der Weg nach unten über den Treppenaufgang und den Aufzug ist versperrt. Um sich und andere zu retten, bliebe nur der Sprung aus dem Fenster? Halt! Probieren Sie zunächst Folgendes: Suchen Sie alle Betttücher zusammen, knoten Sie sie aneinander und binden Sie dieses „Seil" an der Heizung unter dem Fenster fest. Auch wenn das Seil nicht ganz hinunter zum sicheren Grund reicht, so reduziert es doch gewaltig die Falldistanz. Ihr Ziel? Überleben!*

Das Glas an den Fenstern nehmen Sie entweder ganz heraus oder kleben es mit Gewebeklebeband oder Tape kreuzförmig ab. Das beugt dem Bruch und der Splitterwirkung bei Explosionen vor. Um zu verhindern, dass man von außen in den Raum Einsicht hat, sollten die im Keller vor sich hin staubenden Fensterläden wieder angebracht werden.

Licht zieht Verbrecher an wie frischer Mist die Fliegen. Wenn es in der Stadt einen allgemeinen Stromausfall gibt, verdunkeln Sie nachts Ihre Wohnung oder das Haus. Stellen Sie sicher, dass kein Licht nach außen dringt, denn das zieht Aufmerksamkeit auf sich. Wer in solch düsteren Zeiten Licht hat, ist organisiert, besitzt Mittel.

Überhaupt sind *Geheimhaltung* und das Diskret-Sein nun außerordentlich wichtige Waffen!

Es wäre angebracht, dass jedes Familienmitglied weiß, wie es sich verhalten sollte, wenn eines der Warnsysteme Alarm gibt. Üben Sie das korrekte Verhalten ein-, zweimal zusammen, auch nachts! Verteilen Sie dabei Rollen und wechseln Sie gerne auch mal durch.

- Wer versichert sich, dass alle da sind?

---

39 Man rechnet 3 Feuerlöscher für ein Haus von 125 m^2.

- Wer schließt welche Türen oder Fenster?

- Wer ruft die Polizei, informiert die Nachbarn, das Netzwerk?

- Wer beobachtet was, von wo aus etc.?

Signalisiert uns die Situation eine unmittelbare Gefahr, könnte es angebracht sein, den sicheren Raum, den ich später im Buch *Zitadelle* nenne, aufzusuchen.

6

Fluchtwege

Wenn wir in der Lage sind, unseren Straßenzug und unser Haus gegen Aggressoren zu verteidigen, dann sind wir dort relativ sicher. Doch von heute auf morgen kann sich das Blatt wenden. Vielleicht werden wir gar mitten in der Nacht gezwungen, mit der Familie unser Refugium fluchtartig zu verlassen. Spätestens dann zahlt es sich aus, das nahe Umfeld genau zu kennen oder zu wissen, wie wir (am besten, ohne die Straße betreten zu müssen) von einem Gebäude, von einem Grundstück zum nächsten kommen. Hierbei ist es essentiell, alle kleinen Schleichwege, die sich in der Nachbarschaft befinden, zu kennen. Auch sollten wir wissen, wie man in Gebäude eindringt, deren Vordereingänge verschlossen sind, oder wie man über die Hintergärten ungesehen zu einem Freund gelangt, der ganz in der Nähe wohnt.

Bringen Sie sich selbst bei, wie man Mauern erklimmt, Bäche überwindet, ohne die Brücken zu benutzen, öffentlich angebrachten Überwachungskameras aus dem Weg geht oder wie man sich zum Beispiel am Dachrinnen-Fallrohr des Hauses herunterhangelt. Sich in solchen Situationen taktisch klug zu bewegen, kann Ihr Leben retten. Überwinden Sie Mauern, indem Sie, auf dem Bauch liegend, flach hinübergleiten.

Eine Mauer überqueren.

Laufen Sie im Schatten, berühren Sie keine Drahtgitter (Stromschlag), suchen Sie den Boden ständig nach Fallen, Stolperdrähten oder anderen gefährlichen Hindernissen ab und hinterlassen Sie so wenig Spuren wie nur möglich.

Natürlich sind wir wieder an dem Punkt angelangt, an dem die Notwendigkeit der körperlichen Fitness eine Hauptrolle spielt: Trainieren Sie den Ernstfall!

Eine Frage so ganz nebenbei: Kennen Sie Ihre Blutgruppe, die Ihres Partners und Ihrer Kinder?

Kanäle

Unter der Stadt Hannover breitet sich ein 2.500 Kilometer langes Kanalnetz aus, etwa 134 Kilometer davon sind begehbar. Die Münchner Kanalisation besteht aus 2.500 Kilometer langen Tunneln, 60 Prozent davon sind ebenfalls begehbar. In Köln gibt es Reste einer unterirdischen römischen Abwasserkanalisation, die heute noch begehbar sind. Ähnlich ist es in vielen deutschen Städten, aber nur wenige wissen davon. Tunnelsysteme sollten als Fluchtweg sehr ernsthaft in Betracht gezogen werden. Wenn oberirdisch die Gewalt wütet, könnte man auf diesem Weg die Stadt oder den Stadtteil unbemerkt und eventuell unbeschadet verlassen. Sehen Sie sich bereits lange vorher schon um: Wo sind die Einstiege in diese unterirdischen Tunnel? Wo sind Einstiegsschächte oder Gullys? Schlüssel für Gully- oder Schachtdeckel kann man sich selbst anfertigen oder gar kaufen. Benutzt man diese Kanäle und Tunnel zur Flucht, so sollten Lampe, Eisensäge und Brecheisen im Fluchtgepäck nicht fehlen. Wer weiß, vielleicht ist der Ausgang am anderen Ende des Tunnels vergittert, mit einem Schloss versehen oder gar vermauert! Gummistiefel wären ein Plus und die Angst vor Ratten sollte man sich abgewöhnen. Oft genug fließen Bäche und kleine Flüsse durch unsere Städte. Auch solcherlei Tunnel sind oft groß genug, Menschen hindurchzulassen.

7

Die „Tunnel der Freiheit"

Um Waffen, Munition, Kämpfer, Nahrung und Wasser in die belagerte Stadt Sarajevo zu bringen, bauten die Bosnier im Jahr 1993 – von den Serben lange Zeit unbemerkt – den „Tunnel der Freiheit" unter dem Flughafen. Sie hatten keine Maschinen, die ihnen beim Bau halfen, nur Schaufeln, Spitzhacken, Eimer, die Kraft ihrer Herzen und ihrer Arme. Und sie mussten schnell graben, denn die Bevölkerung litt Hunger,

Verletzte starben dahin. Die Kämpfer hatten kaum mehr Munition, die Krankenhäuser keine Medikamente! Zu behaupten, dass es die Blauhelm-Mission der UNPROFOR[40] war, die das Überleben der Bosnier damals garantiert hatte, war eine große Lüge! Allein der von den Bosniern gegrabene Tunnel gewährleistete den Fortbestand dieser Stadt und der Menschen, die darin lebten! Der Tunnel, in dem das Wasser manchmal fast bis in Kniehöhe stand, reichte vom Ortsteil Dobrinja bis hinüber nach Butmir. Er war achthundert Meter lang, einen Meter breit und eineinhalb Meter hoch.

Sarajevo-Tunnel (Shutterstock, ©Ihsan Gercelman)

40 United Nations Protection Force. Die Bosnier waren keck, bauten den Tunnel quasi unter unseren Füßen!

Im späteren Verlauf wurden Gleise hinzugefügt, um Verletzte unterirdisch zu transportieren. Ein Beleuchtungssystem, die *Kanila*, mit Öl gefüllte Blechbottiche, brachte Licht. Oft, des Nachts, beobachtete ich die Männer beim Bau des Tunnels. Ich bewunderte sie für diesen Akt des Willens, zu überleben. In solchen Notzeiten wussten die Bosnier sich mit wenig zu helfen. Sie waren Urban Genies! Als solche gruben sie Tag für Tag, Stunde für Stunde Richtung Freiheit. Der von ihnen gegrabene Tunnel war nicht nur Ausdruck des entschlossenen Widerstands, er war auch ein Vorbild menschlichen Einfallsreichtums in Sachen Survival. In diesem Kampf *David gegen Goliath* [41] zeichnete sich ab, dass immer derjenige Gewinner bleibt, der geniale Ideen zum Überleben hat und der diese Ideen auch zielstrebig umsetzt. Obwohl es seit Mai 1993 keinen Strom, kein Gas und kein Trinkwasser gab, überlebten die Bosnier die Belagerung, und das nicht zuletzt dank ihres ausgeprägten Survival Instinktes, den sich Kinder, alte Menschen, Frauen und Männer aus der Not heraus angeeignet hatten. Doch nicht nur Nahrung, Wasser und Energie fehlte. Das ganze System, alle ordentlichen Einrichtungen funktionierten nicht mehr. So lag zum Beispiel das Bankensystem brach. Die Telekommunikation war völlig außer Kraft und das Gesundheitswesen als solches gab es nicht mehr. Auf ein ähnliches Szenario, wie ich es hier erlebte, habe ich zu Beginn des Buches hingewiesen. Es kann quasi von heute auf morgen in jedem europäischen Staat Realität werden. Die Stadt als Zielscheibe, doch auch die Stadt als Refugium und als Schutz!

Die Tunnel von Gaza

Kein Strom, kein Wasser und keine Nahrung von außen? Dann muss es eben der Einfallsreichtum richten! Mehr als 1,8 Millionen Menschen litten (und leiden noch) unter dem israelischen Embargo, und so war es nur eine Frage der Zeit, bis auch die Palästinenser Tunnel gruben.

---

41 Die serbischen „Tschetniks", die Sarajevo belagerten, hielten alle Höhenzüge rund um die Stadt. Sie verfügten über schwere Artillerie, Mörser und Kampfpanzer. Die Verteidiger, die Bosnier, hatten nur leichte Waffen und selbst fabrizierte Granaten oder Sprengsätze. Die Idee des besagten Tunnels DB (Dobrinja-Butmir) entsprang aus einer Begegnung des Ingenieurs Nedjad Brankovic mit Rasid Zorlak heraus. Zorlak war der Verantwortliche für die Logistik der bosnischen Freiwilligen-Bataillone. Beide wollten eine Verbindung „von der Misere in die Freiheit". Brankovic zeichnete die Pläne, während Zorlak 200 Männer und Frauen mobilisierte. Die Tunnelgrabung begann im Januar 1993. Sie mussten sich beeilen, denn trotz der Tatsache, dass über ihren Köpfen die UNPROFOR (ich war Teil davon) am Werke war, hungerten die Bosnier, es war bitterkalt und das oberirdische Töten fand ununterbrochen statt!

Sie mussten schließlich den Nachschub gewährleisten: Es waren Tunnel gegen den Hunger!

Die meisten dieser Tunnel, Ausdruck des Ideenreichtums und der Entschlossenheit, befinden sich in der Nähe des Rafah-Grenzübergangs. Sie verbinden hauptsächlich die ägyptische Stadt Rafah mit einem palästinensischen Flüchtlingscamp desselben Namens. Anfangs wurden sie von privaten Kellergebäuden fünfzehn Meter tief in den Wüstenboden und dann südlich Richtung Ägypten getrieben. In den späten achtziger Jahren schmuggelten die Palästinenser vor allem Mehl, Milch, Zigaretten, Gas, Gold, Schmelzkäse und Waffen. Heute gibt es viele solcher Tunnel und fast alle sind miteinander verbunden. Nur diese Tunnel halten Gaza noch am Leben. Der Überlebenswille war und ist auch hier der ausschlaggebende Faktor zum Erfolg.

Die Tunnel von Vinh Moc, Vietnam

In Vietnam gehören die Tunnel heute zu den Attraktionen der Kriegstouristen. Einst jedoch waren die unterirdischen Tunnelsysteme, in denen sich Kinder, Frauen und Männer vor den amerikanischen Bomben schützten, einfach nur Symbol für eines: Überleben! Um sich vor dem an der Oberfläche tobenden Krieg zu schützen, verschwanden die Menschen wie Maulwürfe unter der Erde. Zwischen 1963 und 1968 entstand bei Vinh Moc (Region Quang Tri) ein Tunnel-System von etwa 2,8 km Länge. Es erstreckte sich über mehrere Etagen, in denen es Läden, Lazarette und sogar Schulen gab. Um überleben zu können, musste sich die Bevölkerung teilweise über lange Wochen und Monate in den Tunneln aufhalten.

Das „Refugium" Stadt verlassen?

Nimmt die Bedrohung in einem starken Ausmaß zu, kann es durchaus sein, dass wir die Entscheidung treffen müssen, die Stadt so schnell wie möglich zu verlassen, und das, bevor es zu spät ist. Jetzt sollte auf Ihre Planung und auf Ihr Kfz Verlass sein. Später im Text spreche ich von Verstecken außerhalb Ihrer Wohnung. Gewöhnen Sie es sich an, für jedes Familienmitglied einen Flucht-Rucksack vorzubereiten, den Sie gegebenenfalls nur aufnehmen und schnell ins Auto bringen müssen. Bevor Sie jedoch definitiv das vielleicht sichere Haus verlassen, denken Sie an eines: Fliehen heißt sich bewegen, und Bewegungen werden schnell erkannt. Sie und Ihre Familie könnten leicht Opfer von irgendwelchen Gruppen, von Hass und Willkür werden.

Außerdem ist es natürlich durchaus möglich, dass 75 % aller Einwohner der Stadt zeitgleich dieselbe Idee zur Flucht haben. Das Resultat? Verstopfte Straßen, Staus, Schlangen vor Tank- oder Kraftstoff-Ausgabestellen. Tanken Sie also schon lange vorher und füllen Sie sich auch zwei 20-Liter-Kanister als Reserve ab. Überprüfen Sie ebenfalls vorher den Ersatzreifen, checken Sie Öl, Kühlwasser und Bremsflüssigkeit und versichern Sie sich, dass das Erste-Hilfe-Set komplett ist. In Survival Total Band 1 habe ich eine kleine Liste zusammengestellt, was alles ins Auto gehört: zu Normalzeiten! Ergänzen Sie diese Liste um ein Vielfaches mit allen notwendigen Lebensmitteln, vergessen Sie ein Zelt nicht, einige Decken und viel Wasser.

Wenn Sie im Besitz von Schusswaffen sind, nehmen Sie die Waffen und genügend Munition mit. Vergessen Sie auch das GPS nicht. Zwei sehr unangenehme Begleiterscheinungen könnten gleich zu Beginn Ihrer Flucht eintreten.

> 1. Ihre, nun leere, Wohnung wird von jemand anderem in Beschlag genommen und dieser Jemand hat nicht die Absicht, das Feld wieder zu räumen.
>
> 2. Auf den Straßen, die zur Stadt hinausführen, sind in einiger Entfernung Sperren angebracht worden. Sie sitzen nun fest, denn tausende von Pkws können nicht einfach so wenden. Auch stoßen die ersten Rückkehrer bereits auf ihre *besetzten* Wohnungen.

Erst jetzt zu überlegen, ob eine Flucht das Richtige war, erübrigt sich: Es ist bereits zu spät!

8

Legale und in der Grauzone liegende Verteidigungsmittel

Ich bin ein absoluter Gegner von Gewalt. Wohl auch deswegen, weil ich als ehemaliger Soldat oft mit sinnloser Gewalt konfrontiert gewesen bin. Im Laufe zahlreicher Einsätze (auch humanitärer Art) kam ich aber auch zur Erkenntnis, dass jedes Leben wertvoll ist. Das Leben und die Integrität der Familienmitglieder auf Teufel komm raus zu schützen und zu verteidigen, sofern es direkt und unmittelbar bedroht ist, ist eine Selbstverständlichkeit, wobei dieser Schutz den Rahmen der Notwehr[42] *niemals sprengen sollte.*

Thomas Gast

Bezüglich aller in der Folge aufgeführten Verteidigungsmittel oder Waffen weise ich darauf hin, dass der Leser sich, bevor er mit dem Gesetz in Konflikt gerät, über die im Lande geltenden Waffenrechte informieren sollte!

Überlebende der Belagerung der Stadt Sarajevo wussten um den Wert der „Inneren Kreise". Sie erzählten unter anderem, dass sie nur überlebt hatten, weil sie eine große, *bewaffnete* und intakte Familie und Teil eines großen Freundeskreises waren. So zum Beispiel gab es in einer 15-köpfigen Familie zwei oder drei Pistolen, eine oder zwei Kalaschnikows – genug also, um bewaffneten Gruppen, die versuchten, in ihre Häuser

42 Zur genauen rechtlichen Definition bzw. Auslegung siehe § 32 Strafgesetzbuch.

einzudringen, um ihr Hab und Gut zu nehmen oder um Frauen zu vergewaltigen, effizient entgegenzutreten. Diese bis an die Zähne bewaffneten Gruppen machten geflissentlich einen großen Bogen um all die Häuser, von denen sie wussten, dass die Bewohner bewaffnet waren. Die erste Abschreckung war bereits der äußere Aspekt. War dieser aussagekräftig genug, dann versuchten sie es gar nicht, sondern zogen weiter!

Es gibt nichts Besseres als selbst gemachte Erfahrungen, um etwas zu empfehlen oder von etwas abzuraten. Erfahrung hatte ich, denn wie bereits erwähnt diente ich im einzigen Fallschirmjägerregiment der Fremdenlegion. Meine Kompanie war dazu noch *die Kompetenz schlechthin* im Orts- und Häuserkampf. Gelinde ausgedrückt war ich etwas erstaunt, als ich zum ersten Mal unsere Bewaffnung sah. Da war doch tatsächlich in jeder Gruppe eine Armbrust.[43] Für mich war das bis dato eine Waffe aus dem Mittelalter, mit der man allenfalls ohne große Effizienz auf sich in Burgen tummelnde Hofnarren schießen konnte. Nun, ich irrte mich gewaltig! Die Armbrust in meiner Gruppe war nämlich kein Ausstellungsstück und noch weniger ein Spielzeug, sondern sie kam tatsächlich zum Einsatz, und das mit sehr guten Ergebnissen. Mit ihr war es möglich, und deswegen hatten wir sie auch, Wachposten fast lautlos auszuschalten. Bei Distanzen zwischen 10 und 20 Metern war sie erstaunlich wuchtig und präzise. Unsere waren klein, handlich und einfach zu bedienen. Die Durchschlagskraft einer solchen Waffe ist enorm und ich war am Ende völlig überzeugt. Mein Tipp also:

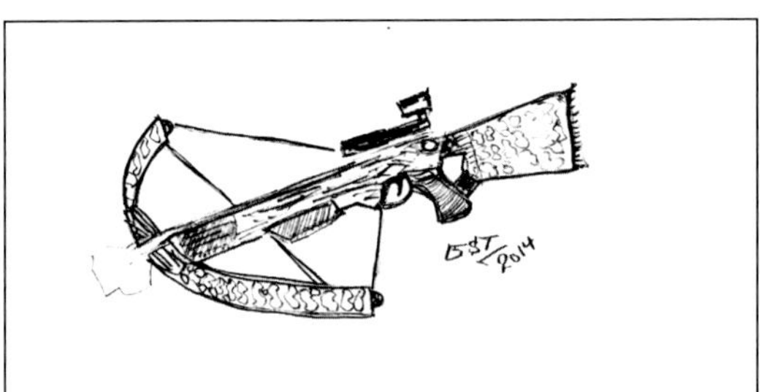

- **Eine ARMBRUST[44] könnte bei der Hausverteidigung wertvolle Dienste leisten.**

43 Firma BARNETT

44 Wer vorhat, sich eine Armbrust zuzulegen, spaziert am besten ins nächste Polizeirevier und fragt nach dem aktuellen Stand der Dinge bezüglich des Waffenrechtes. Ich kann mich nur wiederholen: Auf kurze Distanz ist dieses Gerät höchst effizient.

Barnett-Armbrust

Im Jahr 2010 begann ich mit meiner Arbeit im Süden Jemens. Auf professioneller Basis kam ich fast täglich mit den Jungs von SHIELD zusammen. Shield ist eine in Korea ansässige Sicherheitsfirma, die sich der maritimen Sicherheit verschrieben hat, der Piratenabwehr also.

Der Autor im Jemen.

Sie rekrutierte in den ersten Jahren ihrer Existenz hauptsächlich Ex-Fremdenlegionäre. Damals hatten die Sicherheitsleute keine Schusswaffen an Bord der zu bewachenden Tanker oder Containerschiffe; was sie aber besaßen, war ihr Genie. Sie verfügten über Messer und Macheten und sie bastelten sich aus den Klingen, die sie rasiermesserscharf schliffen, und aus zwei bis drei Meter langen Stielen aus Holz sehr effiziente Lanzen, die weniger zum Werfen, sondern hauptsächlich zum Zustoßen gedacht waren. Sehr glaubhaft erzählten sie mir, dass sie damit mehrmals verhindert hatten, dass mit Kalaschnikows bewaffnete somalische Piraten an Bord der Schiffe gelangten. Ich hakte nach, recherchierte, befragte andere: Was sie erzählten, stimmte! Deshalb Tipp Nummer zwei:

- **LANZEN könnten zur Hausverteidigung absolut dazugehören.**

Und was ist mit Pfeil und Bogen?

Neun von zehn Befragten lehnen alleine den Gedanken daran schon ab. Ebenso wie ich es ablehne, zu schnell zu urteilen. Was, so fragte ich mich, würde jemand dazu sagen, der es eigentlich wissen müsste? Ich überlasse das Wort einem langjährigen Freund, der sich seit seiner Kindheit mit Pfeil und Bogen beschäftigt.

Hartmut Hausser auf meine Frage:
Ist der Bogen als Waffe zur Verteidigung im Haus / auf dem eigenen Grund und Boden geeignet?

> *Seit längerem betreibe ich das traditionelle Bogenschießen, was Thomas Gast wohl darauf gebracht hat, im Zuge seiner Arbeit für sein Buch SURVIVAL BD 2 nachzufragen, ob denn so ein Bogen für die Verteidigung für Haus und Hof geeignet erscheint und was man eventuell dabei beachten müsste. Zunächst sei einmal festgestellt, dass es sich bei einem Bogen nicht um eine Waffe im herkömmlichen Sinne handelt. Die Ausführungen darüber, was eine Waffe ist, stehen im Waffengesetz und sind im Internet für jedermann abrufbar. Kann ein Pfeil, von einem Bogen verschossen, verletzen oder sogar töten? Eindeutig ja! Die Bogenjagd auch auf Großwild wie Hirsch, Elch und Bär, um nur einige zu nennen, erfreut sich immer mehr Beliebtheit. Als vor tausenden vor Jahren unsere Vorfahren den Bogen als Mittel zur*

Jagd entdeckten, stand zunächst nur die Nahrungsbeschaffung im Vordergrund; konnte man sich doch nun auf größere Entfernung an die Bejagung größerer Beutetiere wagen, ohne zu nahe an dieselben heranzumüssen. Sicher sind auch verschiedene Stammes- und andere Konflikte unter Zuhilfenahme dieses neuen Gerätes mit entschieden worden. Im Mittelalter war es sogar per Gesetz geregelt, dass sich männliche Bürger im Bogenschießen zu üben hatten, um bei Bedarf als Bogenschütze eingesetzt zu werden. Auf einzelne Schlachten aus dieser Zeit einzugehen würde hier zu weit gehen und den eigentlichen Sinn verfehlen. Wie steht es nun damit, wenn ich mit meinem Bogen im Notfall mich selbst, meine Familie oder meinen Besitz verteidigen will? Mit Sicherheit würde es sich lohnen, dahingehend einige eingehende, die Rechtslage betreffende Studi en anzustellen. Ich will mich aber drauf beschränken, meine persönliche Sichtweise zu diesem Thema darzustellen. Ein Bogen, wie eine Feuerwaffe, kann nur das vollbringen, was derjenige, der ihn bedient, auch zu bringen vermag oder, viel wichtiger, zu bringen willens ist. Eine 357er Magnum (Revolver) nützt mir nichts, wenn sie ungeladen in der Schublade liegt. Man muss sie einsetzen wollen und können, wenn der Zeitpunkt gekommen ist. Und damit sind wir bei einem entscheidenden Punkt angelangt. Ein Bogen, egal welcher Bauart (Lang-, Recurve- oder Compundbogen), ist für die effiziente, meist sehr schnell notwendige Verteidigung eher weniger geeignet. Warum? Nun, der Bogen müsste ständig gespannt, der Pfeil auf die Sehne gelockt sein und der Bogen muss ständig greifbar sein. Es wird eher selten vorkommen, dass ich mich in meinem Haus, in meiner Wohnung in einem dicht besiedelten Gebiet einer Belagerung gegenübersehe, die mich dazu veranlassen könnte, zu versuchen, einen potentiellen Angreifer mit meinem Bogen auf Distanz zu halten. Es ist daher unerheblich, welche Bogenart ich zu Hause aufbewahre, wie hoch das Zuggewicht und wie die Pfeile beschaffen sind; wichtig ist, und das ist meiner Meinung nach der entscheidende Punkt, dass ein Bogen nur in sehr, sehr unwahrscheinlichen Fällen dazu geeignet ist, als „Waffe" zur Abwehr gegenwärtiger Gefahren eingesetzt zu werden.

Ich bedanke mich bei Hartmut Hausser für seine Einschätzung, sie hat mir und vielleicht auch dem einen oder anderen Leser den Horizont etwas erweitert. Die Erfahrungen, die er gesammelt hat, basieren aber hauptsächlich auf dem Umgang mit modernen Langbögen und so bin ich von seiner finalen Einschätzung nur bedingt überzeugt. Warum? Im März 1988 war ich mit meiner Kompanie in der Zentralafrikanischen

Republik im Einsatz. Die Region um Bouar, nur einen Katzensprung von der Grenze zu Kamerun entfernt, war ein finsterer Ort in einer finsteren, schwarzafrikanischen Provinz. Das Gelände, auf dem wir unser Basiscamp eingerichtet hatten, wurde von Einheimischen, sogenannten *Guardys*, bewacht. Ehrlich gesagt, glaubte ich nicht so recht an die Effizienz ihrer Waffen. Es handelte sich hierbei um winzige Bögen, mit Pfeilen, die nicht länger als mein Ellbogen waren. Als ich den Guardy, der meine Unterkunft bewachte, eines Tages darauf ansprach, zog er urplötzlich einen Pfeil, legte ihn in einer flüssigen und schnellen Bewegung auf die Sehne und schoss ihn ab. Das Ganze hatte höchstens zwei Sekunden gedauert! Er hatte auf einen dreißig Meter entfernt stehenden Baumstamm gezielt, dessen Durchmesser zwanzig Zentimeter betrug. Der Schuss war ein Volltreffer! Als ich an den Baum herantrat, sah ich, dass die Pfeilspitze in voller Länge in das Holz eingedrungen war. Selbst mit größter Mühe gelang es mir nicht, den Pfeil wieder herauszuziehen! Den Körper eines Mannes (Weichziel) hätte er ohne Zweifel glatt durchdrungen. Fakt war, dass dieser höchst einfache Kurzbogen schnell, lautlos und präzise einen Mann außer Gefecht setzen konnte, und auch deshalb mein Tipp Nummer drei:

- **PFEIL und (der richtige) BOGEN könnten durchaus zu einer Hausverteidigung dazugehören, wenn bestimmte Bedingungen erfüllt sind.**

Was nicht fehlen darf:

- ein Teleskopschlagstock[45]
- ein Mehrzweck-Einsatz-Stock – MES[46]
- CS-Gas und Pfeffersprays
- Signalpistolen (das Führen ist eventuell erlaubnispflichtig)
- Signalraketen (als Warnung)

---

45 Auch Teleskop-Abwehrstock. Teleskopschlagstöcke aus Stahl werden bei der Polizei in Hessen, Baden-Württemberg, Rheinland-Pfalz, Bremen, Hamburg, Brandenburg sowie bei der Bundespolizei eingesetzt.

46 Auch Tonfa genannt! Im Mittelalter einiger asiatischer Länder diente die Tonfa-Stange „Tunkuwa“ oder auch „Tongwa“ dazu, Mühlsteine zu bewegen. Während der Satsuma-Invasion im Jahr 1609 konfiszierten die Herrscher alle Waffen. Die Bauern in Okinawa hatten daraufhin die Idee, sich des Tonfa als Waffe zu bedienen. Dieser war etwa 50 Zentimeter lang und aus Eiche. Viele Jahre später griff die amerikanische Polizei, hauptsächlich in Kalifornien, auf den Tonfa zurück. Er wurde ein fester Bestandteil der Einheiten.

Pfeil und Bogen

Pfefferspray

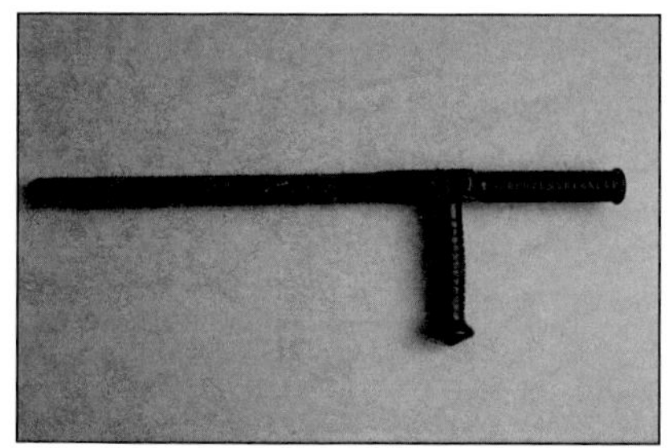

Tonfa

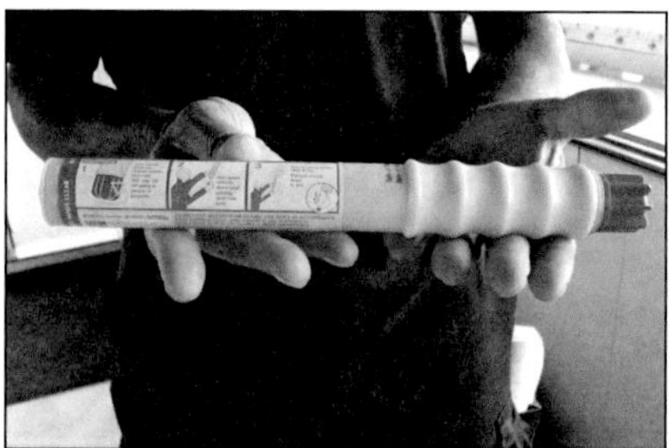

Signalrakete

Pfefferspray lagern Sie am besten in größeren Mengen. Sollten Sie das Haus verlassen, ist es immer am Mann.

Betreiben Sie Kampfsport?

Nein?

Selber schuld!

Kampfsport, egal welcher Art, fördert Ihre Beweglichkeit, Ihre Ausdauer und Ihre Kraft. Noch wichtiger aber - es schafft Selbstbewusstsein.[47] Und das benötigen Sie dringend, wenn jemand in einer stockdunklen Nacht versucht, in Ihre Wohnung einzudringen.

9

Illegale Verteidigungsmittel, Schusswaffen

Si vis pacem para bellum.
Wenn du (den) Frieden willst, bereite (den) Krieg vor.

Lateinisches Sprichwort

Schusswaffen im Sinne des Waffengesetzes sind Geräte, die zum Angriff, zur Verteidigung, zum Sport, Spiel oder zur Jagd bestimmt sind und bei denen Geschosse durch einen Lauf getrieben werden. Das weiß jeder, der jemals eine Waffensachkunde-Prüfung hinter sich gebracht hat. Prinzipiell ist der Besitz von Schusswaffen, auch zur Selbstverteidigung, verboten. Das zumindest ist die Ausgangsbasis bei uns in Deutschland. Dann gibt es Waffengesetze, ein Waffenrecht. Diese schreiben unter anderem vor, wer wann und unter welchen Bedingun-

47 Zwischen mentaler und körperlicher Fitness besteht bewiesenermaßen ein direkter Zusammenhang.

gen legal eine Waffe erwerben, halten oder führen darf und wer gegebenenfalls damit schießen kann. Uns ist bekannt, dass man zum Führen bestimmter Schusswaffen einen Waffenschein[48] benötigt, und wir wissen, dass Besitz und Erwerb einer Schusswaffe im Allgemeinen der behördlichen Erlaubnis bedürfen, die dann durch eine Waffenbesitzkarte erteilt wird. Diese bekommt man aber nur, wenn *Eignung, Bedürfnis* und *Sachkunde* nachgewiesen werden.

Ich bin absolut der Meinung, dass unsere Gesetze eingehalten werden müssen, denn nur so ist ein Aufrechterhalten der Ordnung im Chaos denkbar. Es wäre niemandem geholfen, wenn sich unter dem Deckmantel einer kommenden Krise jeder gleich ein Waffenarsenal zulegen würde, auch schon deshalb nicht, weil es viel zu viele Menschen gibt, die zumindest eines der gelisteten Kriterien nicht erfüllen. *Die Eignung!*[49]

Was aber, wenn niemand mehr ein Gesetz einhält, weil es offensichtlich niemanden mehr gibt, der es durchsetzt? Was, wenn in einer realen Krise eine Waffe haben oder nicht Leben oder Tod bedeutet? Gesetze sind dazu da, eingehalten zu werden, und zwar von jedem. Ich respektiere die Rechte des anderen, der andere respektiert meine Rechte: Das Spiel ist so alt, wie es Menschen gibt. Was nun, wenn ein Aggressor sich nicht an die Spielregeln hält, meine Familie sich in höchster Gefahr befindet und der Staat meine Sicherheit nicht garantieren kann? Soll ich, um der Korrektheit willen, das Leben meiner Lieben aufs Spiel setzen? Ich denke, das kann niemand von uns verlangen, aber wir sollten zunächst immer alles daransetzen, alle Gesetze zu beachten.

Kommt es zu einer krisen- oder kriegsähnlichen Notsituation in unseren Städten[50], so sind die ersten Tage und Wochen am gefährlichsten. Wer also ganz am Anfang keine Waffe und nicht genügend Munition

48 Der Waffenschein alleine berechtigt nicht zum Besitz einer Waffe.

49 Siehe Mindestalter, persönliche Zuverlässigkeit, körperliche und vor allem geistige Eignung, Vorstrafenregister etc. Waffen verleihen gewissen Personen ein verstärktes Gefühl von Macht. Leichtfertigkeit und Missbrauch müssen aber ausgeschlossen werden.

50 Das könnte durchaus auch im Rahmen einer weltweiten Auseinandersetzung geschehen oder in einem Konflikt, in dem sich die einstigen Gegner des „Kalten Krieges" gegenüberstehen. Einem nie erklärten Krieg also, der so kalt heute gar nicht mehr ist!

besitzt, dessen Familie ist der Willkür der anderen ausgesetzt und extrem in Gefahr. Ich bin mir sicher, dass Situationen, in denen der normale Bürger, um sich selbst zu schützen, Waffen benutzen muss, kommen werden.[51]

Wann?

Spätestens dann, wenn eine kollektive Unzufriedenheit sich Luft verschafft, wenn die staatliche Gewalt zu sehr damit beschäftigt ist, das gesellschaftliche Rumoren im Zaun zu halten, und sich nicht mehr um Aktionen Einzelner kümmern kann. Zündstoff, der ein solches Rumoren auslösen kann, gibt es bereits genug, man betrachte die derzeitige Flüchtlingskrise, die Deutschland spaltet wie kaum ein anderes Thema zuvor. Anstatt Einigkeit und Zusammenhalt zu zeigen, triften wir in der Krise voneinander weg wie Eisschollen auf unterschiedlich temperierten Meeren, was zu bedauern ist!

Es ist auch nicht ausgeschlossen, dass Ausschreitungen und sich abspielende Krisen in unseren Nachbarländern zur Nachahmung anregen. In einer sich anbahnenden, faustdicken Krise wünsche ich es niemandem, dass er auf dem Land, in kleinen Dörfern leben muss. Selbst wenn das Chaos droht, so ist es in den Städten doch möglich, sich noch einigermaßen zu schützen. Vorausgesetzt natürlich, dass es noch vernünftige Menschen gibt und es den Ordnungskräften noch gelingt, sich untereinander zu koordinieren. *Vorausgesetzt wir sind vorbereitet!*

In einem kleinen Dorf oder einem isolierten Haus auf dem Land aber, alleine und abgeschnitten, sind wir unweigerlich ein Opfer von jedem, dem gerade der Sinn nach unserem Besitz steht, und wenn es nur etwas Essbares ist. Ganz versteckt in der Natur zu leben ist eine andere Sache. Der Survival- und Outdoor-Kundige könnte wohl lange Wochen und Monate dort ausharren, auch ohne Schusswaffen als Schutz. In den Städten jedoch wären Waffen

in solchen Zeiten unabdingbar. Wenn sich eine negative Krisen-Be-

---

51 Der Staat hat einen Schutzauftrag den Bürgern gegenüber und so liegt das alleinige Gewaltmonopol auch beim Staat. Wir bewegen uns jedoch auf eine „fiktive" Ebene zu, in der der Staat dieses Monopol nicht mehr ausüben, den Schutzauftrag nur noch vereinzelt garantieren kann.

gleiterscheinung ganz sicher einstellt, dann ist es das Phänomen marodierender, bewaffneter Banden, die von der sich ständig verschlechternden Situation profitieren wollen. Aus dem Schutzbedürfnis heraus käme es zu einer erhöhten Nachfrage an Schusswaffen, der illegale Waffenhandel hätte Hochkonjunktur.

Tagsüber und unter Einhaltung gewisser Vorsichtsmaßnahmen wären wir vor gewalttätigen Banden noch relativ sicher, nachts aber begänne der Kampf ums Überleben. Doch selbst tagsüber sollte man sein Refugium nur zu zweit verlassen, das ist eine goldene Regel: Halten Sie sich daran!

Hätte ich in Krisenzeiten in der Stadt ein Haus oder eine Wohnung, die es zu verteidigen gilt, und würde man mir die Frage stellen, welche Waffen ich für eine Hausverteidigung bevorzugen würde, so käme meine Antwort wie aus der Pistole geschossen:

Distanz	Waffe	Art	Kaliber
Nahbereich A 3 bis 7 m	USP Compact[52] *Heckler & Koch*	Pistole	9 x 19 mm
Nahbereich B 7 bis 25 m	SPAS-12[53]	Schrotflinte	12/70

Für Distanzen zwischen 25 und 300 Metern wähle ich eine Kalaschnikow[54] und darüber hinaus bis zu 600 Meter würde sich die TIKKA T3 (7.62 x 51 mm NATO) bestens empfehlen. Das wäre für die Theorie, denn falls der Tag kommt, an dem Sie sich mit einer dieser Waffen verteidigen müssen, dann ... ist Krieg!

52 Alternativ dazu wähle ich eine GLOCK 17.

53 Special Purpose Automatic Shotgun. Das ist eine Vorderschaftrepetierflinte. Der Abschreckungswert dieser Waffe ist extrem hoch. Sie ist präzise, effizient und leicht zu handhaben.

54 Robuste Waffe, die sehr präzise und für Störungen wenig anfällig ist. Der Umgang ist einfach, die Munition dafür relativ billig und sehr weit verbreitet.

USP

Tikka T3

Um sein Haus oder die Wohnung gegen Geschosseinwirkungen jeglicher Art zu schützen, sollte man in der Lage sein, einzuschätzen, wie tief ein Geschoss in das Mauerwerk, in Sandsäcke, Erde, Eisen oder Beton eindringt oder diese gar durchschlägt. Um gegen die Wirkung der Projektile von Handfeuerwaffen und die entstehenden Splitter geschützt zu sein, müssen folgende schützende Mindestmaße gegeben sein:

- Festgestampfte Erde - 1 Meter
- Robustes Mauerwerk - 30 Zentimeter
- Beton - 15 Zentimeter

Anbei eine kleine Tabelle als weiterer *ungefährer* Anhaltspunkt:

WAFFE	KALIBER	Eindringen bzw. Durchdringen
Pistole	9 mm	15 cm Holz
Sturmgewehr	5,56 mm	durchschlägt Stahlhelm auf 200 m
Sturmgewehr	7,62 mm	75 cm Erde oder Holz, 10 mm Stahl
Panzerfaust	89 mm/84 mm	50 cm Stahl oder 1,5 m Beton

Sollten Sie eines Tages die Straße betreten und dort eine der abgebildeten Waffen wie die Tikka oder auch die Kalaschnikow sehen, dann sagen Sie sich einfach, dass irgendetwas ganz und gar nicht stimmt! Mein Tipp: Gehen Sie ganz schnell wieder heim, verschanzen Sie sich, warnen Sie den Inneren Kreis[55], rufen Sie die Polizei an und beten Sie. Und zwar genau in derselben Reihenfolge.

Gegen Ende 1992 und einen Großteil des Jahres 1993 war ich mit meiner Einheit in der von den serbischen Tschetniks umlagerten Stadt Sarajevo eingesetzt. Während der Belagerung kamen 11.000 Menschen ums Leben. Überall waren zerbombte Dörfer, in denen oft kein einziges Haus

55 Wer ihm angehört, dazu komme ich noch.

mehr aufrecht stand. Ich sah Ruinen, Bombentrichter, Panzersperren und in aller Hast errichtete Stellungen oder Checkpoints. Die Spuren von heftigen Kämpfen waren überall, das Land lag in Schutt und Asche.

Bei der Fortbildung - Überleben kann man trainieren!

Es gab keinen elektrischen Strom, kaum Trinkwasser, Medikamente und Essen waren Mangelware, Treibstoff ein Fremdwort. Bewegten sich die Menschen auf den Straßen, so rannten sie von einer Deckung in die nächste, darauf hoffend, dass die Scharfschützen der Serben keinen guten Tag hatten. Die meisten Kinder wuchsen im Keller auf: ein Albtraum für sie! Aber im Schutz der Häuser überlebten sie zumindest. In Krisenzeiten kann das Haus also der einzige Schutz, die Straße zu betreten die absolute Ausnahme sein. Doch im Haus benötigt man Nahrung und vor allem Wasser, aber auch Brennstoff und medizinische Versorgung. Noch haben wir keinen Krieg, aber überall Krisen, in denen sich jeder der Nächste ist. Bevor Sie also einen Fuß vor die Tür setzen, denken Sie immer daran, dass es eigentlich nur drei vitale Gründe dafür geben kann: Nahrung, Wasser, verbesserter Schutz!

Anstehen für die Wasserration: Stundenlanges Warten! Sarajevo 1992.

Zwischenspiel

... und im Pech!

Wer sich unnötig in Gefahr begibt, ist ein Narr. Doch gewisse Situationen oder Berufe fordern diesen närrischen Einsatz. Der des Journalisten zum Beispiel. So zum Beispiel hatte FOCUS-Reporter Christian Liebig nicht nur Unglück, sondern im Unglück auch noch Pech. Im Jahr 2003 begleitete er US-Marines auf ihrem Feldzug nach Bagdad. Am Abend sagte der Kompaniechef zu Christian Liebig, er könne exklusiv am nächsten Morgen bei der Erstürmung des Palastes von Saddam Hussein dabei sein. Es seien aber heftige Kämpfe zu erwarten. Christian, der wirklich nicht ängstlich war, entschied sich, im Camp zu bleiben. Dort wurde er am Mittag des nächsten Tages von einer irakischen Rakete zerfetzt. Zwei spanische Reporter, welche die „Marines" beim heftigen Sturmangriff begleitet hatten, kehrten mit Fotos zurück, die um die Welt gingen (z.B. Marines in Saddams Pool etc.). Christian Liebig war der einzige deutsche Journalist, der die Erfüllung seiner beruflichen Aufgabe im Irak mit dem Leben bezahlte.

Moral von der Geschichte?

Es gibt keine!

Höchstens die, dass der einfachste Weg oft der steinigste sein kann.

10

Unsere Zitadelle

… ist ein Raum, irgendwo zentral im Obergeschoss gelegen.[56] Ist die Wohnung schon eine kleine Festung an sich, so sollte dieser Raum noch eine Steigerung darstellen. Stellen Sie sich ein Zimmer vor, von dem aus Sie in aller Ruhe und vollkommen geschützt nach außen signalisieren können, dass Sie Hilfe benötigen. Es wäre ein Raum, in dem Sie Verletzungen versorgen, Nahrung zubereiten und der Dinge harren, die da kommen mögen, auch über einen ferneren Zeitpunkt hinaus. Was diesen Raum ausmacht? Nun, sein Hauptmerkmal sollte sein, dass er geschützter liegt als die anderen Räume der Wohnung und so wenige Öffnungen hat wie nur irgend möglich. Zwei Fenster wären bereits eines zu viel. Die Türe könnte idealerweise eine solide Brandschutztüre sein, deren Aufgabe es ist, Sie vor *Zugang* und vor Feuer zu schützen. Machen Sie diesen Raum zu Ihrem strategischen Aufenthaltsort. Die zentral gelegene Zuflucht innerhalb des Raums ist zusätzlich von Sandsäcken umgeben, denn die Außenmauern bilden nur einen sehr geringen Schutz gegen die größeren Projektile der Handfeuerwaffen.

Hier finden sich Kommunikationsmittel, Nahrung, Wasserreservoirs und Nottoiletten.[57] Die Liste der hier zu lagernden Dinge ist ellenlang, aber unsere Zitadelle ersetzt den Supermarkt, die Apotheke, das Krankenhaus und den Baumarkt. Hier sind schon mal die notwendigsten Mittel, aufgeteilt in: *Erste Hilfe, Energie, Nahrung, Alkohol, Tabak, Kaffee, Diverses und Wasser.*

56 Oder im Keller, je nach Art der Bedrohung und Bedrohungslage! Aber egal wo: Denken Sie immer daran, eine schnelle Fluchtmöglichkeit hinaus ins Freie zu haben!

57 Vielleicht eine tragbare Toilette?

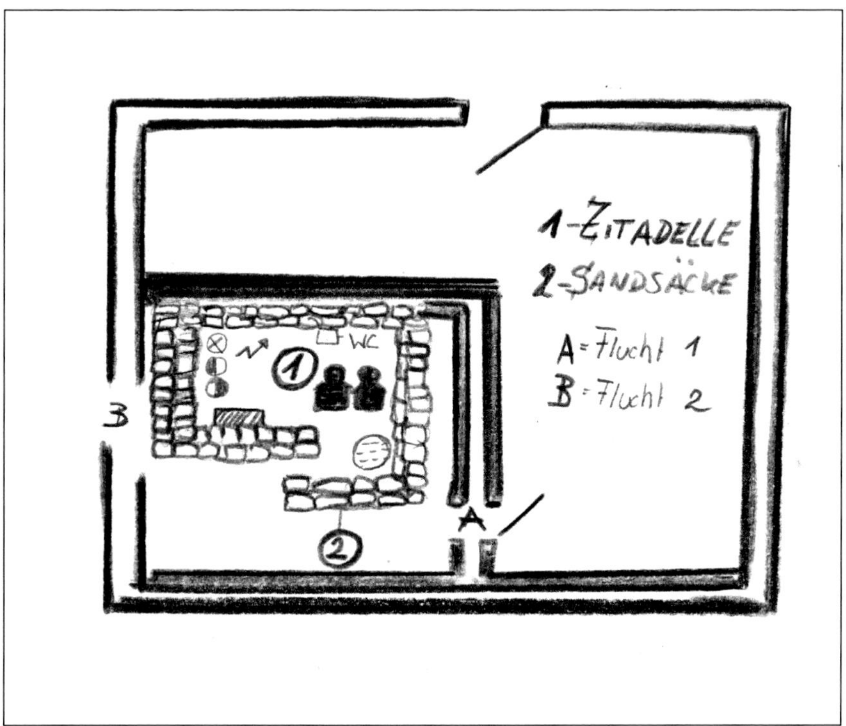

Zitadelle

Hygiene / Erste Hilfe

• Wir bräuchten ein sehr gut ausgestattetes *Erste-Hilfe-Set*, ähnlich wie in Survival BD 1 beschrieben, nur quantitativ umfangreicher. Stellen Sie sich einfach vor, dass Sie das nächste halbe Jahr weder einen Arzt noch eine Apotheke oder eine Drogerie sehen werden.

• Bitter nötig wären Medikamente wie Breitband-Antibiotika, z.B. Amoxicillin oder Moxifloxacin, starke Schmerz- und Fiebermittel (ASS, Ibuprofen, Paracetamol) sowie Mittel gegen Durchfall und Verstopfung. Durchfall tötet ein Kind in wenigen Tagen, wenn es keine Medikamente dafür und nur wenig Wasser gibt!

• Desinfektionsmittel, Gummihandschuhe, einfache Atemschutzmasken, Chlorbleiche und Jod: Sehr viel von alldem!

Erste-Hilfe-Set

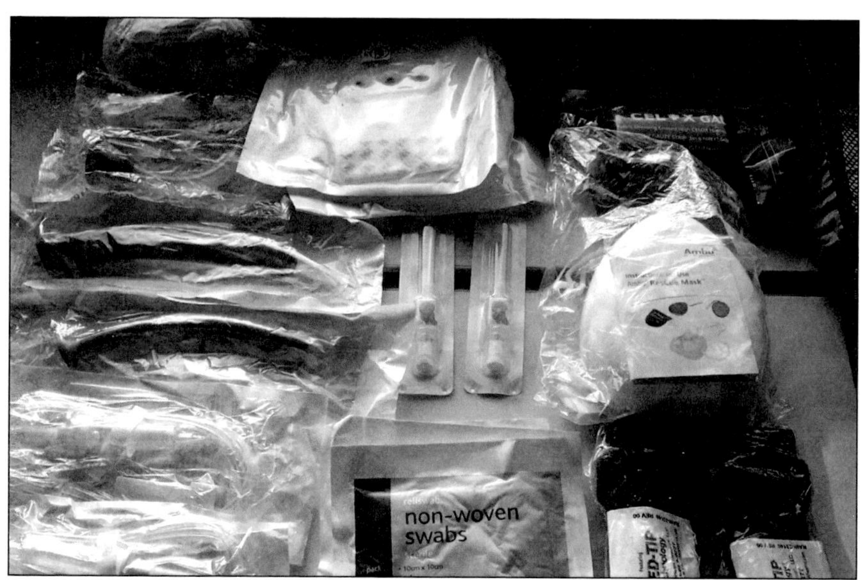

Grundausstattung

Energie

Ganz am Anfang der Belagerung der Stadt Sarajevo hatte ein Großteil der Bevölkerung kaum genügend Energie-Ressourcen zu Hause. Als dann im Winter 1992/1993 die Temperaturen teilweise bis unter zwanzig Grad minus fielen, verbrannten sie alles, was ihnen in die Finger kam: Möbel, Türrahmen, Autoreifen, Autositze, Bücher, ja sogar Dachbalken … nur um ab und zu etwas Wärme abzubekommen. Vor allem ältere Menschen und Kinder litten unter der eisigen Kälte und unter der Dunkelheit in den kalten Kellern. Lange, kalte und dunkle Nächte: Mehr braucht es nicht, um die Moral nachhaltig zu untergraben. Wenn dazu noch Krankheiten, Hunger und Gewalt herrschen, dann kann man sich in etwa ausmalen, wie schwer solche Zeiten sein können.

Sorgen Sie vor, damit die Kälte Sie nicht umbringt und die Dunkelheit Sie nicht in den Wahnsinn treibt!

Denken Sie immer an den Ausfall von Strom und Gas oder grundsätzlich an das Fehlen von Energie. Um autonom und auch etwas komfortabel für längere Zeit zu überleben, benötigen wir:

- einen Stromgenerator[58]
- eine oder zwei Autobatterien[59]
- LED-Lampen mit aufladbaren Akkus, Kerzen, Teelichter[60]
- Feuerzeuge und eine ganze Menge Streichhölzer
- einen Ofen, den man elektrisch mittels Generator betreiben kann
- einen oder zwei Campinggaskocher und ausreichend Gaskartuschen
- eventuell eine kleine, an einem sicheren Ort auf dem Dach des Hauses angebrachte Solarzelle.

---

58 Diese werden mit Benzin, Diesel oder alternativ dazu mit Gas in Betrieb genommen. Wir müssen uns also versichern, dass wir ausreichenden Brennstoff dafür haben. Realistisch gesehen sind zwei oder dreihundert Gasfeuerzeuge mehr wert als ein einziger Generator. Erstens weil er Geräusche macht und so die Aufmerksamkeit auf sich zieht, und zweitens weil er ausfallen kann. Ich spreche hier von Erfahrungswerten.

59 Ein gutes Ladegerät dafür nicht vergessen!

60 Sie sollten eine Mindestbrenndauer von 8 bis 10 Stunden haben.

Sagte ich Feuerzeug?

Während der Belagerung Sarajevos besaß ein Bosnier eine 11-kg-Gasflasche, vermutlich Propan. Er benutzte sie jedoch nicht, um diese Energie in Hitze für den eigenen Bedarf umzuwandeln, sondern er brachte einen kleinen Schlauch daran an, der es ihm ermöglichte, Gasfeuerzeuge damit aufzufüllen. Ein Feuerzeug in Überlebenssituationen: Das ist wertvoller als Gold! Die Menschen standen bei ihm Schlange. Für eine Füllung nahm er kein Geld (das hatte längst keinen Wert mehr), sondern etwas Essen, Antibiotika, eine Konservendose, Kerzen, etc.

Nahrung

Auch hier gilt: Zu viel ist besser als nicht genug! Mit Blick auf die wachsende Industrie des Verbrechens, auf gewisse Entwicklungen in Europa und angesichts der allzu verschiedenen Weltanschauungen und auch Religionen der hier lebenden Menschen gibt es genug Gründe, anzunehmen, dass irgendwann der Punkt erreicht ist, an dem das Wort *Krisenvorsorge* nicht mehr in die Schublade Paranoia[61] passt, sondern in jedermanns Agenda, und es frisst tatsächlich kein Brot, sich jetzt schon einen Lebensmittel-Notvorrat[62] für eine mögliche Krise anzulegen. Ich empfehle eine Bevorratung von mindestens sechs Monaten und natürlich sollte man gegebenenfalls auf Lebensmittel zurückgreifen, die man auch in normalen Zeiten essen würde, und sei es nur, um der tödlichen Routine aus dem Weg zu gehen. Es gibt inzwischen Anbieter, die ganze Notvorrat-Pakete feilhalten, ob für 90, 60, 30 oder sieben Tage. Zu den Nahrungsmitteln, die man in unserer Zitadelle unbedingt lagern sollte, gehören:

Fertiggerichte

Konserven, gefriergetrocknete oder eingeschweißte Gerichte. Bei

61 Paranoia? Das könnte durchaus so aussehen: Aus Angst vor einem Angriff Russlands hat ein Elektriker im niederbayerischen Kelheim in seinem Keller einen Atombunker gebaut und mit Dutzenden Waffen, Sprengstoff, Munition und Lebensmitteln ausgestattet. Das durch eine Strafanzeige alarmierte Bayerische Landeskriminalamt entdeckte bei dem 59-Jährigen zwei Maschinenpistolen, 80 Langwaffen, 60 Handfeuerwaffen, 20.000 Schuss Munition und vierzig Kilo Material zur Sprengstoffherstellung.

62 Tun Sie das heimlich. Je mehr Leute wissen, dass bei Ihnen Vorräte gebunkert sind, desto größer ist die Chance, dass Ihr Haus während Ihrer Abwesenheit geplündert wird.

gefriergetrockneten (lyophilisierten[63]) Gerichten liegt der Nachteil natürlich in der Tatsache, dass man viel Wasser benötigt. Konserven wiederum sind schwer. Wägen Sie Für und Wider ab, aber variieren Sie die Gerichte so, dass keine Monotonie auf den Teller kommt.

Honig

Schon Hippokrates wusste um seinen Wert. Honig hält sich jahrelang, ist vielleicht sogar das einzige Lebensmittel, das praktisch kein Ablaufdatum hat. Er wirkt antibakteriell, antiseptisch und hemmt das Wachstum von Hefen. Gereinigter Honig[64] wird unter anderem nicht umsonst bei der Wundbehandlung eingesetzt.

Vollmilch- und Volleipulver

Vollmilchpulver ist für die Anlage unserer Notreserve gut geeignet. Es hält sich im Schnitt sechs Monate und ist, was die Inhaltsstoffe und den Nährwert betrifft, in die Kategorie *Exzellent* einzustufen. Ähnlich verhält es sich beim Volleipulver. Es liefert Kohlehydrate, Fett, Eiweiß und Mineralstoffe wie Kalzium und Eisen. Die Haltbarkeitsdauer beträgt fünf Jahre.

Getreide[65], am besten in Form von Reis und Nudeln

Sie sind die Basis, vertragen aber über einen längeren Zeitraum nur eine Feuchtigkeit von unter 14 % bei einer Temperatur von 20 ° Celsius.

Brot in Dosen

Wir Deutschen und unser Brot! Es darf nirgends fehlen, ist in Dosen mindestens zwei Jahre haltbar. Horten Sie es in ausreichender Quantität.

---

63 1986, bei meiner ersten Mission Profonde (Urwalddurchquerung von West nach Ost in Französisch Guyana) hatte jeder von uns zunächst für zwei Wochen gefriergetrocknete Rationen im Sack. Das Gewicht war kaum spürbar und Wasser fanden wir natürlich überall. Hätten wir jedoch auf Konserven zurückgreifen müssen ... ich denke, wir wären unter dem zusätzlichen Gewicht (jeder von uns trug schon mindestens 35 Kilo, einige aber weit mehr) zusammengebrochen!

64 MEDIHONEY – antibakterieller und medizinischer Honig.

65 Aus der Innenrinde von Weide, Birke und Kiefer kann Mehl gewonnen werden. Trocknen Sie die Rinde und zermahlen Sie sie.

Salz, Essig, Öl, Tomatenmark

SALZ: Salzlose Speisen schmecken fade. Wir nehmen Salz deshalb hauptsächlich als Geschmacksverbesserer. Da kaum jemand von uns noch Natursalz kauft, fällt der gesundheitliche (positive) Effekt von Salz weg. Salz kann man lange lagern, denn es verdirbt nicht.

Salz

ESSIG: Er dient als Würzmittel, zur Entkalkung und als Konservierungsstoff. Essig wirkt antiseptisch und kann als keimtötendes Hausmittel verwendet werden.

ÖL: Wenn schon Öl, dann Olivenöl. Es hält sich jahrelang, kann zum Kochen, Braten und Backen verwendet werden, ist gesund und gibt, wenn alle Stricke reißen, ein ideales Brennmaterial ab.

TOMATENMARK: Am besten kauft man es in Dosen. Es ist sehr gesund und hält sich in Dosen oder in der Tube sehr lange.

Alkohol / Tabak / Kaffee

Alkohol Tabak und Kaffee[66] zu bunkern oder nicht, das muss jeder für sich ausmachen. Wer allerdings nicht darauf schwört, sollte

66 Ich verrate sicher kein Geheimnis, wenn ich sage, dass man aus auf dem Ofen braun gerösteten Eicheln und Gerstenkörnern Ersatzkaffee machen kann.

bedenken, dass es sich hierbei um sehr begehrte Waren handelt und man in einem Krisenfall vielleicht sehr weite Wege gehen muss, sie zu bekommen. Und teuer wird's dann im Nachhinein sicher auch.[67] Es gibt Menschen, die töten, um in Krisenzeiten in den Besitz von Tabak, Alkohol oder Kaffee zu kommen, vergessen Sie das nie.[68] Zeigen Sie niemandem Ihre Alkohol-, Tabak- oder Kaffee-Vorräte und sprechen Sie auch nicht darüber.

Lagern Sie alle Nahrungsmittel mit System nach Kategorie sowie nach deren Haltbarkeitsdatum. Fast alle halten sich am besten trocken, bei niedrigen Temperaturen und in einem leicht abgedunkelten Raum.

Tiere zum eigenen Verzehr

Sie haben ein eigenes Haus, eine große Veranda, einen höher gelegenen Balkon oder einen Dachboden? Dann halten Sie Tauben! Tauben sollen natürlich mit Körnern gefüttert und mit frischem Wasser versorgt werden, sie können sich aber in Krisenzeiten gut selbst um sich kümmern, was uns einen Riesenvorteil beschert. Wenn Nahrungsmangel herrscht, sind Tauben eine Delikatesse, auch die, die in Städten leben und somit alles fressen, was ihnen vor den Schnabel kommt. Tauben brüten sieben Mal im Jahr, sie stellen deshalb eine für uns nicht zu unterschätzende, ergiebige Nahrungsquelle dar.[69] Ein Taubenschlag wie unten auf dem Bild gezeigt, ist schnell gebaut. Beauftragen Sie doch den Junior der Familie damit, Opa hilft, denn Sie wissen schon: *Der innere Kreis!*

---

67 Auch das erinnert mich an meine Zeiten in Französisch Guyana. Damals, während eines längeren Aufenthaltes im Dschungel, als von uns Neuen nach etwa zwanzig Tagen einige keinen Tabak und keine Zigaretten mehr hatten, bot sich ein schon länger Gedienter an, uns Zigaretten zu überlassen: zehn Francs pro Stück (drei Mark damals)! Eingeschworene Raucher hätten sicher auch den dreifachen Preis bezahlt. Da das Verhalten (Profitgier) des Verkäufers gegen unseren Ehrenkodex verstieß, musste er sich, einmal zurück im Quartier, dafür verantworten. Er bekam ein blaues Auge und wir seine Geld-zurück-Garantie! Bezüglich Alkohol hörte ich von einem reichen Mann, der tausend Flaschen Schnaps kaufte, um diese sicher in seinen Verstecken zu lagern. Schnaps gibt es in Krisenzeiten wohl nur noch auf dem Schwarzmarkt, wenn Deutschland am wirtschaftlichen Abgrund steht. Und dann ist er Gold wert.

68 Im Bosnienkrieg fand ich eines Morgens eine alte Frau in einem Graben am Flughafen. Sie war tot. Serben haben sie erschossen: wegen einem Sack Kartoffeln!

69 Als Alternative kämen Kaninchen in Frage.

Tauben

Diverses

Stellen Sie sicher, dass Sie folgende Dinge im Überfluss besitzen:

- Batterien für Radios und Taschenlampen
- Müllsäcke
- Toilettenpapier
- Hygieneartikel wie Zahncreme, Seife usw.

Werkzeuge

- einen Vorschlaghammer
- ein schweres Beil

Damit können Sie Fluchtwege schaffen, indem Sie Türen einschlagen oder Mauerdurchbrüche machen. Dass im Falle eines Brandes oder einer anderen Gefahr immer das Treppenhaus oder der Aufzug benutzt werden oder die Flucht über den eigenen Balkon oder Garten stattfinden kann, ist leider ein Wunschdenken.

- einen gut sortierten Werkzeugkasten
- Messer und Multitools

Trinkwasser

Wasser ist ein Lebensmittel und gehört natürlich ganz oben auf unsere Liste. An dem Tag, an dem die Behörden das Wasser abschalten[70], beginnt ein Wettlauf um das kostbare Nass. Bereits nach einem Tag würden wir bereit sein, für Wasser jemanden umzubringen, nach drei Tagen ohne Wasser wären wir tot. Wenn unsere Straßen dazu auch noch sprichwörtlich ein gefährliches Pflaster sind, dann muss die Familie leiden. So weit muss es aber nicht kommen. Sorgen Sie jetzt bereits vor: Jeder Liter Wasser, in der Zitadelle, im Keller oder anderswo gebunkert, ist eine Überlebensgarantie mehr. Ich behandle das Thema Wasser auf Grund seiner Wichtigkeit in einem Extrakapitel einige Seiten weiter.

Verstecke

Sich Verstecke anzulegen sollte systematisch immer dann geschehen, wenn um uns herum Dinge passieren, die wir zunächst nicht begreifen können, von denen wir aber ahnen, dass sie Vorreiter von Gefahren und Krisenzeiten sind. In diesen Verstecken lagern wir Lebensmittel, Decken, vielleicht Waffen und die Munition dafür, ganz sicher aber Wasser. Was die Lebensmittel angeht, so machen Sie mehrere, voneinander getrennte Pakete. Dazu eignen sich kleinere hermetische, luftdichte Behälter, Tupperware zum Beispiel. Das Ganze sollte noch extra in robuste Plastiksäcke verpackt werden. Für den Proviant gilt, dass er nicht leicht verderblich und lange haltbar sein sollte. Es ist gut möglich, dass wir vor der handfesten Krise flüchten, also unsere Häuser und Wohnungen verlassen müssen oder dass unsere gehamsterten Vorräte in der Zitadelle nicht ausreichen. Ein oder mehrere Verstecke außerhalb der Wohnung oder des Hauses anzulegen, macht Sinn. Ich rate zu einem Nahversteck, das man von der Wohnung aus innerhalb kürzester Zeit (zwanzig Minuten Fußweg) erreichen kann. Als Ergänzung dazu bietet sich ein Versteck an, das gänzlich außerhalb des Ortes liegt, wenn möglich in einem weiter entfernten Waldstück, nahe

70 Giftmüll, Arsen, Antibiotika und Pestizide verunreinigen heute schon unser Trinkwasser, doch das ist verhältnismäßig harmlos. Käme es hingegen zu einem nuklearen Unfall „Typ Fukushima“ (oder zu einem atomaren Schlagabtausch), müsste die gesamte Trinkwasserversorgung zunächst eingestellt werden. Durch eine Verbreitung der Radioaktivität über den Luftweg wären sehr viele Städte und Dörfer betroffen, auch die, die weit von der Unfallstelle entfernt sind.

einer gut befahrbaren Straße. Wir könnten diese Dinge bei einer Flucht quasi im Vorbeifahren ausgraben und mitnehmen.

Notnahrung

Für was Sardinen aus Marokko so alles gut sind …

Einfaches Notstromaggregat

Ladegerät für Autobatterie

Akku-Campinglampen

Teelichter und Kerzen

Sie haben einen Toten und die Lage erlaubt es Ihnen nicht, Hilfe zu empfangen (Arzt, Bestatter etc.), geschweige denn das Haus zu verlassen?

In Krisenzeiten kann es durchaus geschehen, dass – infolge einer Krankheit oder einer Verletzung – ein Toter zu beklagen ist. Mit Blick auf die schlimme Situation in der alle sich befinden, kann es durchaus sein, dass niemand kommen wird, der den Tod feststellt, einen Totenschein schreibt und das Vaterunser an Ihrer Stelle betet. Es gilt also zunächst, den Tod festzustellen. Als Laie können Sie nur die Vitalzeichen kontrollieren: Blutdruck, Puls, Atmung, Pupillenreflexe. Mit Sicherheit sagen zu können, dass eine Person wirklich tot ist[71], ist natürlich nicht einfach und den Zustand *scheintot* sollten Sie immer im Hinterkopf behalten. Bedecken Sie den Körper und schirmen Sie diesen vor neugierigen Blicken ab. Protokollieren Sie in einer ruhigen Minute die Umstände, die zum Tod führten, das Datum sowie alle Daten wie Name, Uhrzeit, Art der Verletzungen oder der Krankheit etc. Sollte die Situation es zulassen, muss der Tote nun rasch beerdigt werden. Tun Sie das nachts und ohne großes Tamtam, denn: Sie sind noch am Leben und so soll es auch bleiben! Heben Sie ein einfaches Grab aus. Das sollte so weit wie möglich von Brunnen oder anderen eventuellen Trinkwasserquellen entfernt sein. Errichten Sie ein Kreuz. Geht alles mit rechten Dingen zu, wird jeder die Grabstätte respektieren, was Ihnen später - egal wann es sein wird - die Möglichkeit gibt, zurückzukehren, um dem Toten die Ehre zuteilwerden zu lassen, die ihm wirklich gebührt. Dann gibt es Situationen, in denen es nicht möglich ist, das Haus oder die Wohnung zu verlassen. Leichen jedoch unterliegen den normalen biologischen und chemischen Abläufen. Der Körper bläht sich auf, verfärbt sich und die Haut bekommt Risse, aus denen Flüssigkeit strömt. Der typische süßlich-schwere Leichengeruch verbreitet sich schnell. Jeglicher direkter Kontakt muss jetzt gemieden werden. Wickeln Sie den Körper in eine Decke oder besser noch in eine Plastikplane (Duschvorhang?), hergestellt aus mehreren Plastiksäcken. Verschnüren Sie das Paket und legen Sie es an einem Ort ab, der sich verschließen lässt. Vielleicht ein kleines Nebenzimmer, ein Keller oder Dachboden. Danach desinfizieren Sie alle Dinge, die mit der Leiche in Kontakt geraten sind, mit Chlor. Während all dieser Maßnahmen tragen Sie am besten Gummihandschuhe.

---

71 Sichere Todeszeichen sind Totenflecke, Totenstarre, Verwesung und Fäulnis.

Zwischenspiel

Meine Begegnung mit SOLAR

Im Februar 2012 stieg ich auf Anraten meiner Frau spontan in einen Zug, der mich direkt nach Oberstauder in Österreich brachte. Von dort ging die Reise mit dem Pkw eines Bauern weiter Richtung Unterstauder und dann zu Fuß zu einer in gut 2.000 Metern Höhe gelegenen Berghütte. Ich arbeitete gerade an einem neuen Buch und wollte diesbezüglich einige Wochen lang alleine sein, um meine Gedanken zu sortieren. Was mich erwartete, war diese abgelegene Hütte, von der ich bereits wusste, dass es keine direkte Zufahrt, kein Dorf in unmittelbarer Nähe, keinen Strom und auch keine Kommunikationsmöglichkeiten gab. Der Ofen der Dreizimmerhütte wollte mit Holz gefüttert werden, das noch nicht kleingehackt war, und das Wasser, das aus dem einzigem Wasserhahn kam, war ebenso kalt wie der Wind aus den Bergen, der eisig um den Kamin fegte. Um alles perfekt zu machen, lagen etwa zwei Meter Schnee und jeden Tag kam neuer hinzu. Als ich mich eingerichtet hatte, bemerkte ich ein kleines Radio in der Küche. Es funktionierte nicht, doch ein feines, ausgehendes Kabel führte durch ein Loch hinauf in den Dachboden. Technisch war ich nie versiert, doch das interessierte mich, also begab ich mich nach oben. Der Draht endete an einer Verteilerbox, die an einer Autobatterie angeschlossen war. Von der Batterie führte ein dickeres Kabel direkt aufs Dach, doch auf dem lag ein Meter Schnee. Ich hatte so meinen Verdacht, krempelte die Ärmel hoch, stieg hinauf, schaufelte den ganzen Schnee weg und stieß auf eine Solarzelle, die kaum größer war als etwa 40 mal 30 Zentimeter! Es war Mittag. Spät am Nachmittag gab das Radio plötzlich ein Signal, gleichzeitig ging das Licht in der Küche an. Es war tatsächlich so, dass es dieser winzigen Solarzelle gelang, so viel Energie zu liefern, dass die drei Zimmer der Hütte fast die ganze Nacht beleuchtet werden konnten, und das Radio funktionierte nun auch wieder, auch wenn es nur einen einzigen freien Kanal gab. Diese Solarzelle verwandelte die Sonnenenergie in elektrischen Strom, speicherte diesen in der Batterie, die dann diese Energie an den Verteiler weitergab. Magisch, fand ich!

Die paar Wochen allein auf der Hütte bestätigten auch, was ich bereits wusste: Mehr als eine Handvoll Grundbedürfnisse hat der Mensch nicht.

Ich hatte:

> ***1. Wasser:*** Es kam direkt aus einer Quelle in den Bergen, Schnee und Eis wären die Alternativen dazu gewesen.
>
> ***2. Nahrung:*** Etwas Proviant hatte der Besitzer der Hütte für einen Monat gelagert.
>
> ***3. Schlaf, Schutz vor dem Wetter:*** Dafür diente die Hütte selbst.
>
> ***4. Wärme:*** Bekam ich mittels eines Holzofens. Holz lag im Schuppen nebenan und im Wald lag genug Bruchholz.
>
> ***5. Etwas Energie:*** Gab es in Form von unzähligen Kerzen. Zwei Glühbirnen, betrieben von dem bisschen Strom den die Solarzelle produzierte, spendeten Licht.

Körperlich tätig war ich, indem ich früh den Holzvorrat für den ganzen Tag hackte und Schnee vor der Hütte schippte. Einmal am Tag machte ich eine einstündige Exkursion durch den hüfthohen Schnee bis auf den nächsten Pass, denn nur von dort hatte ich die Möglichkeit, das Handy zu benutzen (für den Notfall). Aber auch hier war der Empfang nicht immer sicher. Punkt 6 meiner (persönlich definierten) Grundbedürfnisse war also erfüllt: die Kommunikation mit der Außenwelt!

11

Frei von Angst

Sich in Krisenzeiten zurechtzufinden und seine Lieben zu verteidigen ist kein Selbstläufer. Das ist es deshalb schon nicht, weil die Überlebensfähigkeiten der meisten Menschen leider bereits so stark verkümmert sind, dass sie kaum mehr in der Lage wären, andere, geschweige denn sich selbst, zu verteidigen, zu überleben, zu kämpfen. Und genau für diesen Kreis gilt es, sich gut vorzubereiten. Gut vorbereitet sind Sie aber nur, wenn Sie über Folgendes verfügen:

Allgemeinwissen

Wissen ist Macht und es liegt hauptsächlich an uns, uns diese Macht anzueignen. Sich durch Interesse Zugang zu einem großen Allgemeinwissen zu beschaffen, das macht Sinn.

Körperliche Fitness, Entschlossenheit und mentale Stärke

Sind der Schlüssel, der uns selbst die Türen öffnet, die den Unentschlossenen und mental und körperlich Schwachen auf ewig verschlossen bleiben. Unsere Willensstärke und die körperliche Fitness sind vor allem für uns Erwachsene die wohl wichtigsten Werkzeuge! Sofern es keine Gründe gibt, die uns davon abhalten, uns fit zu halten, sollten wir jeden Tag dafür Sorge tragen, damit wir einen gut funktionierenden Körper haben. Oh, sicher, wir haben Waffen, technische Hilfsmittel und Prozeduren die wir zum Überleben einsetzen, aber wenn der Körper nicht mithält, nützen uns sämtliche Prozeduren und Hilfsmittel nichts. Doch nicht nur unsere Muskeln müssen trainiert werden, sondern auch Auge und Ohr, unsere Reflexe, die Schnelligkeit, die Aufmerksamkeit, die

Motorik, unsere Intuition und unser Denkvermögen. Das alles setzt auch eine gesunde Lebensweise[72] voraus und ein gesundes Umfeld ohne allzu großen Stress.

Ein gut funktionierendes, vertrauenswürdiges Netzwerk bestehend aus Familie und engen Freunden, Nachbarn und Bekannten

Uns wen'ge, uns beglücktes Häuflein Brüder: Denn welcher heut sein Blut mit mir vergießt, der wird mein Bruder, sei er noch so niedrig …

König Heinrich

William Shakespeare: „König Heinrich der Fünfte", Kapitel 21

Wer erfolgreich kämpfen will, benötigt Mitstreiter, vom jüngsten Kind angefangen bis zum entferntesten Nachbarn einen Häuserblock weiter. Jeder könnte eine wichtige Rolle übernehmen, denn jeder ist wichtig. Es geht um gegenseitige Unterstützung in der Not, um Beistand, um Informationen und um Vertrauen.

Eine gute Ausrüstung

... ist unentbehrlich!

Auf die gelisteten Punkte komme ich natürlich noch etwas ausführlicher zurück, zunächst aber wende ich mich einem anderen, ebenso wichtigen Aspekt zu:

der totalen Angstfreiheit.

In Survival Total Band 1 schrieb ich, dass jeder Mensch Angst hat und

72 Für viele Menschen spielen Tabak (Zigaretten), Alkohol und Drogen eine große, tägliche Rolle. Mein Chef, ein Deutscher, der während des 2. Weltkrieges in russische Kriegsgefangenschaft geraten ist, sagte mir immer, dass neunzig Prozent derer, die diese Gefangenschaft überlebt hatten, Nichtraucher waren. Als ehemaliger starker Raucher kann ich das sehr gut nachvollziehen. Raucher haben zu wenig Sauerstoff im Körper, die Folgen sind Herzbeschwerden, erhöhter Blutdruck und Erkrankungen der Blutgefäße. Unter Extrembedingungen (extreme Hitze, extreme Kälte, extreme Belastung) rächt sich der Körper: Er lässt uns einfach im Stich.

dass diese Angst normal ist und sie in manchen Situationen auch ein Segen sein kann. Das stimmt vom Ansatz her immer noch. Nun aber spreche ich von einer totalen Angstfreiheit! Wie passt das zusammen?

Ich versuche es zu erklären.

Im Krieg, im Einsatz, in brandgefährlichen Situationen kann uns Angst tatsächlich das Leben retten, denn gekämpft wird mit *Hardware*, mit Waffen also, die das Töten zum Ziel haben, nicht mehr, nicht weniger! In Kriegssituationen gibt es Augenblicke, in denen *Widerstand bieten* bedeutet, *zerstört zu werden*. Tot nütze ich aber niemandem, denn tote Helden hat die Welt bereits für hundert weitere Generationen. Etwas Angst ist hier geradezu angeraten.

Im aktuellen Zusammenhang verhält es sich jedoch anders!

Es geht um die Grauzone zwischen dem Alltag, der Krise und einem eventuellen Krieg. Geschickt und vor allem mutig müssen wir in dieser Ungewissheit auf Teufel komm raus unsere ganze Entschlossenheit demonstrieren. Die uns zur Verfügung stehenden, wertvollsten Waffen sind zunächst unser Wissen und unsere mentale Stärke. Diese Waffen in unserem sozialen Umfeld, im Umgang mit Menschen, denen wir im Alltag begegnen, und in sich anbahnenden Krisenzeiten immer parat zu haben ist sehr wichtig, denn im Beruf, im Altersheim, an der Universität, auf der Straße, an der Bushaltestelle und überall, wo wir Menschen begegnen, sind wir verletzbar – und glauben Sie mir eines: In unserem sozialen Umfeld wird mit härteren Bandagen gekämpft als im Krieg!

Sie dürfen auch hier gerne etwas Angst haben, sofern die Angst Antrieb und nicht Bremse ist, denn bremst die Angst, würden andere diese Situation gnadenlos für sich ausnutzen und für ihre eigenen Zwecke einspannen. Aber generell gilt es, im Alltag Mut zu beweisen. Und zwar ständig, auf Schritt und Tritt! Auch gilt es, Widerstand zu leisten, sonst dienen Sie den Wölfen (skrupellose Menschen) zum Fraß! Um Angst abzuschütteln, müssen wir den Rücken frei haben. Lassen Sie uns also zunächst unsere Ängste analysieren und uns dann auf die Suche nach geeigneten *Waffenbrüdern* und *Mitstreitern* begeben.

Wenn Sie in Notzeiten alleine sind – auch bei der besten Vorsorge mit Energie, Waffen, Munition und Lebensmitteln –, werden Sie es nicht schaffen. Ein Überleben in einer Krisen- oder Kriegszone ist nur in der Gemeinschaft möglich!

Thomas Gast

WAFFENBRÜDER

2

Wenn grausame chinesische Krieger ihre Gefangenen martern wollten, fesselten sie sie an Händen und Füßen und legten sie unter einen Sack mit Wasser, aus dem es tropfte und tropfte und tropfte – Tag und Nacht. Die unaufhörlich auf den Kopf fallenden Wassertropfen klangen schließlich wie Hammerschläge – die Menschen wurden verrückt. Sorgen und Angst sind wie ständiges Wassertropfen, es tropft und tropft und tropft und diese unaufhörlichen Sorgentropfen treiben den Menschen oft in Wahnsinn und Selbstmord.

Dale Carnegie,
US-amerikanischer Kommunikations- und Motivationstrainer, 1888 - 1955

12

Der „Innere Kreis"

Etwa im Alter zwischen zehn und zwölf Jahren hat es mich schrecklich beunruhigt, dass ich nicht wusste, was nach dem Tod kam, und ich weigerte mich partout, zu akzeptieren, dass auch mein Herz eines Tages aufhören würde zu schlagen. Ständig habe ich mir den Kopf darüber zerbrochen, umsonst, wie man sich vorstellen kann. Heute weiß ich, dass der Tod Teil von uns ist. Ich akzeptiere und begrüße ihn, wann immer er auch seinen Einzug hält. Doch die meisten Menschen die ich kenne, haben mit ihm so seine Probleme, was sie natürlich nie zugeben würden. Geldsorgen, familiäre und gesundheitliche Probleme, Arbeitslosigkeit und soziales Versagen, das alles sind oft nur vorgeschobene Ängste: Der Tod ist es, den sie am allermeisten fürchten!

Er alleine ist definitiv, unumstößlich, das Rendezvous mit ihm steht! Viele Menschen, vor allem Ältere, denken jeden Tag an den Tod, werden über dieses Grübeln psychisch krank und so sind psychische Erkrankungen weiter auf dem Vormarsch. Bereits jeder zehnte Deutsche leidet unter einer psychischen Störung! Weit mehr als die Hälfte aller Krankenhausbetten sind von Kranken belegt, die von Ängsten geplagt sind, die es mit den Nerven und mit ihrem Gemüt zu tun haben, und in 90 % aller Fälle steckt die irrationale Todesangst dahinter, wobei die Angst vor einem Tod durch Krankheiten wie Krebs sicherlich an erster Stelle steht. Total unterschätzt, auch weil kaum jemand offen darüber redet, sind Ängste, die völlig andere Gesichter haben.

- Die Angst vor Isolation.
- Die Angst vor der Ungewissheit und vor dem, was uns fremd ist.

- Die Angst, im Kampf gegen die Isolation, die Ungewissheit und gegen das Fremde zu schwächeln!

Unsere Ängste und die dadurch resultierenden Probleme auf intelligente Art und Weise zu lösen, ist die einzige Antwort auf das Dilemma. Genauso wichtig ist es, sich im Kampf gegen sie Verbündete, einen *Inneren Kreis* zu schaffen. Einen Kreis, der aus Menschen besteht, die wir kennen, denen wir vertrauen und die bedingungslos hinter uns stehen, egal wie *eng* es wird. Jeder von uns braucht diesen Inneren Kreis.

Vor allem in den bereits erwähnten Überlebenssituationen in den Städten!

Doch welche Bedrohungen nähren unsere Angst? Was genau verbirgt sich hinter Worten wie *Isolation, Ungewissheit,* was hinter den Fremden[73]?

Isoliert zu sein verbinden wir mit dem Gefühl der Einsamkeit und mit dem des Alleinseins. Vor allem die Einsamkeit im Alter, auch wenn wir noch gar nicht so alt sind, erfüllt uns mit Angst. Im Gleichschritt mit der Isolation läuft die Ungewissheit. Wir zweifeln, ob es noch jemanden gibt, der uns wirklich braucht, dem wir fehlen, der sich hilfesuchend an uns wendet, und wir fragen uns, zu was wir eigentlich noch nützlich sind. Wir sind im Ungewissen, weil wir - isoliert und mit dem Gefühl, nutzlos zu sein - nicht wissen, ob unser Lebenswerk bisher befriedigend war. Alles, wonach wir uns insgeheim sehnen, ist eine sinnvolle Beschäftigung und etwas Anerkennung dafür.

---

73 Gemeint sind das Unbekannte, aber auch Dinge, die wir nicht gewohnt sind. Krankheiten wie Ebola und AIDS zum Beispiel erfüllen uns mit Angst. Uns fremde Umstände, Abläufe und Prozeduren schnüren uns das Herz in der Brust zusammen. Gemeint sind aber auch „die Unbekannten", fremde Menschen also, die uns deshalb so fremd vorkommen, weil wir, wenn wir ihnen begegnen, mit einem Kulturschock konfrontiert sind. Einem, der umso brutaler auf uns einwirkt, je unflexibler und intoleranter beide Seiten sich beim Rendezvous zeigen.

13

Wir, das Alter und der Generationskonflikt

Ich wuchs in einer Familie von acht Kindern auf. Die Rollen waren klar verteilt und jeder wachte über den anderen. Vor allem die Jüngeren, zu denen ich eindeutig zählte, wurden gut behütet. Taten wir Gutes, wurden wir gelobt, und stachen wir hervor, bekamen wir die Anerkennung, die wir benötigten. Hatte ein Familienmitglied ein Problem, so war es unser aller Problem, und unternahm einer von uns eine größere Reise oder musste auf unbestimmte Zeit weg, ins Krankenhaus oder auf Urlaub zum Beispiel, so standen die anderen zum Abschied Spalier, und solch ein Moment der Trennung war auch die Zeit der Gefühle. Wir durften weinen, uns in die Arme nehmen und schwach sein. Und so war es, seitdem ich denken konnte. Ich hatte immer das Gefühl der Geborgenheit, fühlte mich immer Teil eines ganz wichtigen Unternehmens, fühlte mich unendlich wichtig. Ich hatte eine größtenteils schöne Kindheit und auch heute noch, wenn ich mich zurückerinnere, sind es immer zuerst die positiven Dinge, die mir einfallen: Nestwärme, Schutz, Gemeinschaftssinn! Jeder von uns schöpfte Kraft aus der Familie. Die Kraft nämlich, die es brauchte, dem Alltag mit all seinen Konflikten zu begegnen. Wovon jeder von uns jedoch am meisten profitierte, war das Streben nach Aufmerksamkeit, denn das lehrte uns schon in einem relativ frühen Alter, Ellbogen zu zeigen. Wir lernten früh, uns durchzusetzen, die anderen im Kielwasser zurückzulassen wenn es darum ging, ein dickes Lob zu bekommen, und so waren wir einerseits eine zusammengeschweißte Bande die immer alles *zusammen* machte und alles teilte, andererseits waren wir auch gnadenlose, vom Siegeswillen imprägnierte Alleingänger. Welche Seite wir jeweils zeigten, hing von der jeweiligen Situation ab: Wir konnten beides recht gut! Und das mussten wir auch, denn war daheim in den vier Wänden *alles paletti,* so änderte sich das oft mal radikal, wenn die Türe hinter uns ins Schloss fiel. Draußen auf der Straße, in den dunklen Winkeln des Schulhofs, auf dem Nachhauseweg von der Bibliothek oder auch vom nächtlichen Fußballspiel und jenseits des Schutzes der älteren Brüder und Schwestern lauerten die anderen Kinder, die vielleicht noch eine Rechnung mit uns zu begleichen hatten. Und dann, den Rücken zur Wand, musste man entweder die Fäuste auspacken, schneller rennen können oder einfach gewiefter sein als unsere Gegenüber, ich ganz besonders, denn mit meiner kaffeebraunen Hautfarbe hatte ich es in allen Dingen viel schwerer, bot mehr *einladende* Angriffsfläche. Ich musste mich oft mit meinen Fäusten dafür entschuldigen, so geboren zu sein, wie ich war. Doch die Aggressivität die ich im Laufe der Jahre deshalb aufbaute, diente ausschließlich einer Sache: meine Integrität als Mensch zu schützen! Für andere Auslegungen war in meinem Kopf kein Platz. Jegliche Tendenz, auf *die schiefe Bahn* zu geraten, wurde von Familienmitgliedern oder von Freunden bereits im Ansatz durch ihr Vorbild erstickt. Denn ja, ich hatte auch Freunde, gute Freunde. Und die gingen in unserer Wohnung ein und aus, gehörten fast schon zur Familie. Doch nun zur Kernaussage, und die ist mit einer Zeichnung ganz gut beschrieben.

Die Menschen haben keine Zeit mehr, irgendetwas kennenzulernen. Sie kaufen sich alles fertig in den Geschäften. Aber da es keine Kaufläden für Freunde gibt, haben die Leute keine Freunde mehr.

Antoine de Saint-Exupéry,
französischer Schriftsteller
und Pilot, 1900 – 1944

Dominique Vandenberg[74], ein sehr guter Freund von mir, schrieb ein Buch mit dem Titel *„The Inner Circle“*. Immer wenn ich an dieses Buch (genauer gesagt an den Titel *Der innere Kreis*) denke, erinnere ich mich

74 Dominique Vandenberg hat eine steile Karriere hinter sich. Kampfsportler, Fremdenlegionär, Stuntman und dann Nebendarsteller in Hollywood in einem erfolgreichen Film (Gangs of New York von Martin Scorsese) Seite an Seite mit Leonardo DiCaprio. Er war es, der Leonardo DiCaprio auf die Kampfszenen vorbereitete. Sein letzter Film „March with the Devil“ (Dokumentarfilm / Regie Zalman King und Kevin Lynch) hatte bisher nur mäßigen Erfolg. Vandenberg ist Buchautor und als Action-Film-Darsteller sehr gefragt. Er lebt heute in Kalifornien.

an meine Kindheit. Ich befand mich im Zentrum des Kreises, war in gewisser Art und Weise ein beschützter, von Familie und sehr guten Freunden umgebener Held.

Machen wir den Zeitsprung, von damals ins Heute. Die heutige Familie sieht sich am liebsten dreiköpfig, Vater, Mutter, Kind. Natürlich ist es in solchen Konstellationen auch möglich, Kraft aus der Familie zu schöpfen, doch nicht in einer Vielfalt, die es dem Kind erlauben könnte, zwischen mehreren *Kraftspendern* zu wählen. Auch das Streben nach Aufmerksamkeit und somit der frühe Wettkampf „Ellbogen zeigen, sich durchsetzen" finden nur bedingt – wenn überhaupt – statt. Die Tendenz, sich anderswo, also außerhalb der Familie, bei einer Problembewältigung helfen zu lassen, ist dementsprechend verführerisch. Und genau hier lauern die Gefahren!

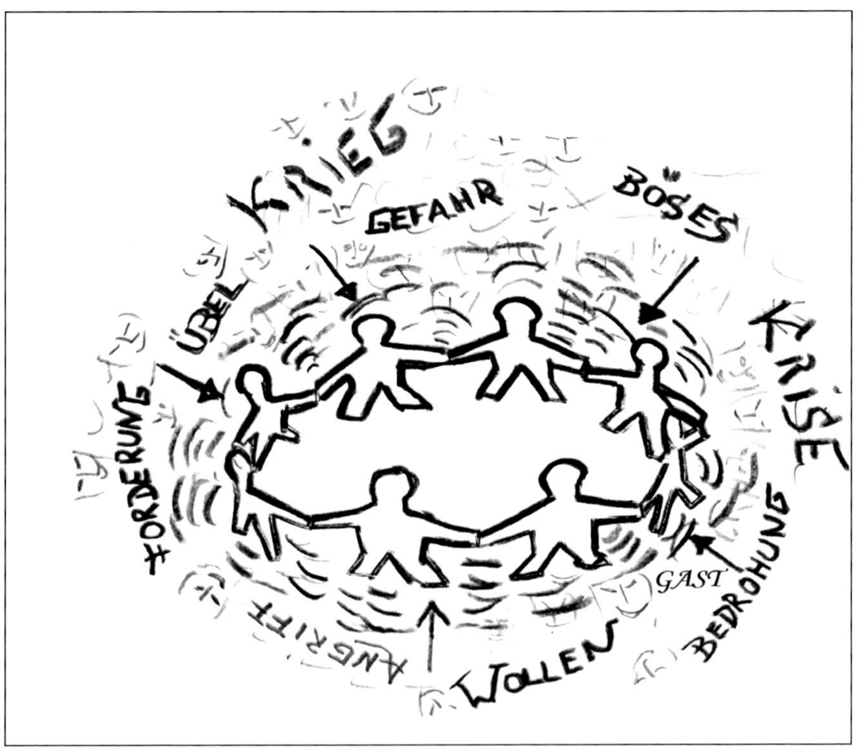

Der innere Kreis.

14

Soziale Netzwerke

Mit der weltweiten Vernetzung, den *sozialen Netzwerken*, den immensen Möglichkeiten der gängigen Kommunikationsmittel, die sich rasend schnell, fast monatlich verändern, verbessern, noch schneller und immer intelligenter werden, wurde die Welt zwar nicht neu erfunden, aber vieles in Frage gestellt. Nicht zuletzt das, was den Menschen Halt, Anerkennung und Integrität geben soll und kann: die Familie! ... ein System, das sich jahrtausendelang bewährt hat!

Der innere Kreis?

Er hat sich fundamental verschoben!

Dank Facebook, Instagram und Twitter ist heute jeder von uns ein Held. Das weiß jedes Kind. Ein Klick *„Gefällt mir"* von anderen ist Lob und Anerkennung, nur dass dieses nicht oder kaum von Familienangehörigen kommt, sondern von *Freunden*, die ich mitunter gar nicht kenne. Ganz selbstlos geschieht das nicht, denn meine virtuellen Kontakte erwarten im Gegenzug ein „Gefällt mir" oder einen positiven Kommentar von mir zurück und bleiben diese Kommentare aus, spiele ich sofort mit der virtuellen Option (ein Klick genügt), diesen illoyalen Freund oder die Freundin aus meiner Liste zu entfernen! Der Vorteil daran ist, dass das alles über Distanzen hinweg geschieht und ich mich persönlich der menschlichen Konfrontation nicht stellen muss.

Eine reale Freundschaft hat heutzutage kaum noch Chancen, ernst genommen zu werden, sie wird von Facebook, Twitter & Co verdrängt.

Ist das alles vielleicht die Antwort unserer Jugend auf den immer größer werdenden Druck? Ist es ihre Parade, einer Gesellschaft - uns - gegenüber, für die nur Leistung, nicht jedoch der einzelne Mensch zählt? Stufen wir unsere Kinder ein? Leistungsschwach = unfähig und nutzlos?

Doch selbst wir sind dem Phänomen der *Flucht in virtuelle soziale Kontakte* nicht ganz entkommen. Internet sei Dank befinden wir uns alle im Auge eines riesigen Zyklons namens Generationskonflikt. Wir sitzen also in einem Glashaus und das Dümmste, was wir in so einer Situation tun könnten, wäre nach unten treten und nach oben buckeln. Findet aber eventuell genau das statt? Treten wir all die Werte, die uns mit in die Wiege gelegt wurden, mit Füßen und lassen wir auf der anderen Seite, verunsichert und zu sehr besorgt um die nächste Generation, unseren Kindern gegenüber - denen es ja mal besser gehen soll als uns - zu viel Nachsicht walten? Die Antwort ist weder ein klares Ja noch ein eindeutiges Nein. Jede Generation hat ihre eigenen großartigen Werte und die jetzigen sind nicht schlechter als die der kommenden oder der vorhergegangenen. So zum Beispiel stelle ich immer wieder verwundert fest: Unsere Jugend ist brillant! Aber sie ist nicht nur brillant, sie ist auch anders und dieses Anderssein bereitet so manchem von uns *alternden* Menschen große Sorgen.

Warum?

Weil die Kommunikation zwischen den Generationen schleppend ist und es uns Angst macht, nicht zu wissen, ob wir bis zum Schluss und in der Not von Menschen umgeben sind, denen wir vertrauen können, sprich Kinder, Familie, Freunde! Das Schlimmste, was uns widerfahren kann und worüber wir uns am meisten Sorgen machen, sind die wachsende Anonymität in einer Ich-bezogenen Gesellschaft und somit die Isolation im Alter. Um dieser drohenden, ja finalen Isolation zu entgehen, müssen ganz früh schon menschliche, warme Kontakte aufgebaut und über die Jahre und Jahrzehnte hinweg gepflegt werden. Und spätestens jetzt hat uns die Realität wieder, Zweifel machen sich breit, denn, wie Stephen King es sagen würde: Wir haben's vermasselt!

Zwischenspiel

Im Februar 2014 flog ich von Sanaa (Jemen) über Dubai nach Frankfurt. Meine Firma hatte ihren Vertrag nicht mehr verlängern können und so fand ich mich von heute auf morgen arbeitslos wieder. Doch ich machte mir keine Sorgen, warum auch? Ich hatte eine tolle, liebevolle Frau, zwei Töchter, einen Hund (... ja, immer noch Hin-Tza!) und ein kleines Haus am Rande des Pfälzer Waldes. Die Zukunft bereitet mir kein Kopfzerbrechen, aber etwas anderes.

In Frankfurt angekommen, stieg ich in den IC Richtung Mannheim, ich war alleine im Abteil und kam knapp drei Stunden später in Kaiserslautern an. Was ich dort erlebte, machte mich zuerst sprachlos, dann nachdenklich und ich war schließlich ehrlich gesagt etwas entmutigt. Was war geschehen?

In Kaiserslautern öffnete sich die Tür zu meinem Abteil und siebenundzwanzig (ich habe zweimal gezählt) Jungen und Mädchen im Alter zwischen zwölf und einundzwanzig bestiegen den Zug. Er war noch nicht einmal angefahren, als jeder der siebenundzwanzig neuen Passagiere bereits mit seinem Handy spielte. Anfänglich hatte ich erwartet, es würde unerträglich laut im Abteil werden, doch dem war nicht so. Jeder widmete sich aufs Höchste konzentriert seinem Smartphone und innerhalb einiger Minuten wurden mehr SMS, WhatsApp, Mails und Sprachnachrichten in Umlauf gebracht als Funk-Meldungen während der ganzen Operation Barbarossa[75]. Niemand sprach, niemand sah irgendjemanden an, kein Junge küsste oder umarmte ein Mädchen und auch ein Buch sah ich nicht. Endstation. Ich stieg aus, geschockt, verwundert, einen Knoten im Bauch! Ich konnte mir diese Kontaktarmut nicht erklären. Doch dann dachte ich nach. Kontakte hatte es ja eigentlich sehr viele gegeben. Keine direkten halt. Der Junge am einen Ende des Abteils hatte seiner Flamme am anderen Ende per SMS mitgeteilt, wie gern er sie hatte, und vice versa, Punkt!

75 Auch „Unternehmen Barbarossa". Überfall der deutschen Wehrmacht auf die Sowjetunion im Juni 1941.

Welches Virus hatte sich hier nur verbreitet?

- Gefühlsarmut?
- Fehlendes Selbstbewusstsein?
- Zu viel Selbstbewusstsein?
- Eiszeit?
- Oder einfach nur trendiger Zeitgeist?

Darüber nachdenkend, erinnerte ich mich an folgenden Ausspruch:

„... um aber dieser drohenden, ja finalen Isolation zu entgehen, müssen ganz früh schon menschliche, warme Kontakte aufgebaut und über die Jahre hinweg gepflegt werden."

Ich verstand die Welt nicht mehr. Aber anstatt mich der Verzweiflung hinzugeben, lief ich einfach am selben Tag einige Zeit durch die Straßen und beobachtete die Menschen dort – ja und was soll ich sagen? Ohne das Smartphone in der Hand scheint sich die jüngere Generation kaum Überlebenschancen in dieser Welt einzuräumen und gepaart mit einem offensichtlichen Desinteresse uns Älteren und unseren Problemen gegenüber, man füge eine Prise scheinbarer Orientierungslosigkeit dazu, gab das schon einen heiklen Mix! Als sich meine Verwirrung über diese etwas verfahrene Situation etwas gelegt hatte, suchte ich nach Punkten, um die heutige Jugend irgendwie als unmoralisch, als *unmöglich* zu verdammen und sie alle in denselben Topf zu werfen, doch es klappte nicht. War ich es nicht selbst gewesen, der immer behauptet hatte, dass es ein UNMÖGLICH nicht gibt und dass selbst in den verfahrensten Situationen unseres Lebens ein Ausweg möglich ist?

Brainstorming war also angesagt und das Ergebnis meiner Reflexionen war erstaunlich. Alle Vorwürfe, die ich den jungen Menschen hätte entgegenbringen können, waren plötzlich wie weggefegt. Meine Überlegung war folgende.

War es sinnvoll, sich gegen den Zeitgeist zu sträuben?

Absolut nicht!

Ein *sich dagegen auflehnen* wäre im höchsten Grade kontraproduktiv. Hätten unsere Eltern damals versucht, uns von Deep Purple, Janis Joplin, von Röhrenjeans und von den guten alten LPs fernzuhalten, so hätte das den Dritten Weltkrieg bedeutet und mal ehrlich: Haben uns diese Dinge etwa geschadet? *Nein!*

Einige Seiten zuvor schrieb ich ein paar Zeilen über Korpsgeist, und jetzt komme ich zur eigentlichen Kernaussage meiner Denkübungen. Wir sollten ganz einfach dafür Sorge tragen, dass generationsüberschreitend wieder mehr Kontakt zugelassen wird. Dieser Prozess, an die Jugend heranzutreten, muss von uns eingeleitet werden. Mit Nachdruck sollten wir ihnen unmissverständlich und mit klaren Worten sagen, dass wir sie verstehen, sie unterstützen, ihnen helfen. Den Fortschritten der Wissenschaft, der Technik, den verschiedenen Technologien und den bestehenden immer ausgeklügelter werdenden sozialen Netzwerken zum Trotz, ist der Mensch in seinem Kern „Mensch" geblieben, und den Fortschritt haben schließlich wir eingeleitet, nicht unsere Kinder.

Wir haben es vermasselt?

Ja! Also lassen Sie es uns auch ausbaden!

Was also sollen wir tun?

Nun, gemeinsame Interessen wecken die Neugier und die Lust, den anderen besser kennenzulernen. Was liegt also näher, als dass wir uns mehr für die Belange unserer Kinder interessieren, sprich für soziale Netzwerke, für ihre Art, Kommunikation zu betreiben, für den modernen (coolen) Wortschatz, für Smartphones und Tablets. Wir könnten uns, im Geiste, bunt anziehen und auch bunt (... statt braun) denken! Sie zu fördern wäre unser Leitmotiv, Toleranz zu üben der zu beschreitende Weg! Machen wir die jüngere Generation zu unseren Verbündeten! Wir profitieren von ihrer Energie, sie von unserem Lob, von unserer Zustimmung (Anerkennung) und hernach von ihrem Selbstbewusstsein, das beides generiert. Unser Ziel wäre somit erreicht. Wir haben plötzlich selbstbewusste, starke *Partner* an unserer Seite und das wiederum schiebt die Angst vor einer Isolation total in den Schatten der Zusammengehörigkeit, denn wir wissen: Wir sind nicht allein! Doch nicht nur das. Ich sprach im Vorwort auch von familiären Kältegräben und von Katastrophen-Szenarios. Lassen wir tatsächlich Fingerspitzengefühl walten und der Jugend ihre Freiheiten, dann wäre Ersteres nun fast Schnee von gestern.

Und die Katastrophenbewältigung?

Um Katastrophen-Szenarios zu bewältigen, benötigen wir Partner mit:

- Selbstbewusstsein
- Schneller Auffassungsgabe
- Technischem Verständnis

Ich denke, der Groschen ist gefallen!

Nun bleibt uns nur, darauf zu achten, dass wir unserer Jugend Werte und Tugenden vorleben. Und wir müssen dafür Sorge tragen, dass sie nicht in den Mahlstrom der Klassenunterschiede, der Vorurteile, der Gleichgültigkeit und, den überaus bedenklichen Entwicklungen in Europa zum Trotz, auch nicht in die *Spur* des Fremdenhasses und der Intoleranz gerät. Gelingt uns das, können wir mit ihnen Welten erobern.

Immer wieder spreche ich von „Werten", aber was sind Werte? Was sind Tugenden?

Für mich gibt es nur eine Handvoll, die es wert sind, auch genannt zu werden. Ganz obenan stelle ich die TOLERANZ. In Ermangelung anderer und besserer Beispiele muss ich als Musterbild für Toleranz die Fremdenlegion anführen. Der Kompaniechef ein Jude, einer der Zugführer ein Muslim, die Gruppenführer Deutsche und unter den einfachen Soldaten ein fast 45-jähriger katholischer Ex-Priester, ein Schwarzer aus dem Kongo, ein 18-jähriger blonder blauäugiger Isländer, ein einst verzogenes Milliardärs-Söhnchen und ein einst einfacher Taschendieb aus Rumänien! Reich und Arm, Alt und Jung, Schwarz und Weiß, Religion hin, Weltanschauung her ... Die Legion zeigt uns, wie es geht, denn ähnliche Konstellationen habe ich selbst erlebt und es klappte prächtig. Weiter geht es mit *Selbstlosigkeit*. Ein Beispiel, das ich immer gerne voranschiebe, wäre das Verhalten des Legionärskameraden Maghenan im Jahr 1986 während einer *Mission Profonde* tief im Regenwald Französisch Guyanas. Der Auftrag dauerte 30 Tage. Jeder schleppte 50 Kilo auf dem Buckel mit sich herum, einige sogar mehr, je nachdem, welchem Trupp man gerade angehörte. Dazu war es heiß, feucht, glitschig und nervenaufreibend. Das Essen war frugal! Nach einigen Tagen, während einer Pause – wir waren müde und ausgelaugt –, öffnete Kamerad Maghenan seinen Rucksack und förderte eine Melone zum Vorschein. Diese teilte er so auf, dass jeder ein Stück davon bekam. Die Bedeutung dieser „wortlosen" Geste? Nun, er hätte es nicht nötig gehabt, ein zusätzliches Gewicht zu tragen, vor allem nicht eine fast sechs Kilo schwere Wassermelone – ein Zusatzgepäck, das andere vielleicht umgebracht hätte. Und wenn, dann hätte er sie nachts und heimlich alleine essen können: Selbstlosigkeit par excellence!

Zu den sehr wichtigen Tugenden gehören sicherlich auch *Fairness, Mut, Aufrichtigkeit* und *Generosität*, doch genügt es nicht, nur darüber zu sprechen und sie von anderen einzufordern: Vorleben müssen wir sie! Und das auf täglicher Basis.

Doch nun schnell zurück, denn noch haben wir nicht definiert, wie wir mit der anderen Generation umgehen wollen: Mit der, unserer Eltern! Sind wir in der Lage das Gesamtgefüge zusammenzuführen, damit wir im Kampf gegen die Ungewissheit und gegen das Fremde, gegen Gefahren und gegen unsere drohende Isolation mehr Verbündete haben, oder ist es bereits zu spät? Viele unserer Eltern und Großeltern haben sich bereits isoliert. Besser gesagt, wir selbst haben sie in die Isolation geführt und ihr Ticket gelöst: *Eilzug Rentnerleben – Endstation Altenheim!*

Jede Gesellschaft hat *Stiefkinder*, die man am liebsten im Keller verstecken und nie mehr rauslassen will. Früher war es oft die Sexualität: ein äußerst unbequemes Thema damals. Es war normal, nicht darüber zu sprechen. Ebenso normal jedoch war es, ständig heimlich daran zu denken! Dieses Verhalten, so denke ich heute, war an sich schon total widersprüchlich. Doch nicht nur ich denke so, denn von Sex bekommen viele inzwischen nicht mehr genug, er findet teilweise sogar öffentlich statt. Nun, heute sind oft die alten Menschen unsere Stiefkinder. Doch diese sperren wir weg, so als wäre ihr Alter ansteckend. Wir führen sie auf einem roten Teppich in die Isolation. Es gab eine Zeit, und die ist noch nicht so lange her, da wurden die Menschen zu Hause geboren und wenn ihre Zeit gekommen war, starben sie zu Hause, umringt von Familienangehörigen, doch leider fällt das in die Kategorie: Es war einmal ...!

Aber auch hier gibt es Hoffnung. Die Mauern der Isolation einzureißen könnte nämlich leichter fallen, als es war, sie aufzubauen, doch dazu gehört Zivilcourage, dazu gehört Mut, dazu gehört Bescheidenheit.

Ohne unsere Kinder (Jugend, Intelligenz und Dynamik), ohne unsere Mütter und Väter (Weisheit und Erfahrung) ist der Innere Kreis nicht geschlossen. Ein erfolgversprechender Kampf gegen die alltäglichen Probleme sowie gegen alle anderen nur vorstellbaren Bedrohungen ist daher völlig aussichtslos, und das alleine deshalb schon, weil ein Leben ohne Familie auch keinen Sinn macht. Sinn hingegen macht es, unseren Kreis stetig zu erweitern. Nicht nur Familienmitglieder, sondern auch gute Freunde, verlässliche Bekannte und gleichgesinnte Nachbarn könnten ihm beitreten: als Waffenbrüder in schlimmen Zeiten!

Krisenkommunikation fängt in guten Zeiten an!

Diese Worte sollen wir nie aus den Augen verlieren.

KONFLIKTMANAGEMENT IN KRISENZEITEN

3

Es gibt ein unfehlbares Rezept, eine Sache gerecht unter zwei Menschen aufzuteilen: Einer von ihnen darf die Portionen bestimmen und der andere hat die Wahl.

Gustav Stresemann,
deutscher Politiker, 1878 - 1929

Ich habe mich oft mit einschlägiger Literatur und mit Abhandlungen der Thematik – Konfliktmanagement im Allgemeinen und bei direkter, körperlicher Aggression im Speziellen – befasst und war ehrlich gesagt überrascht, sogar erschrocken, wie viele Worte, Tabellen, Konzepte und Strategien es dazu gibt. Diese zu verinnerlichen kostet Zeit. Zeit, die vor allem dem fehlen wird, der sich plötzlich mittendrin im Geschehen wiederfindet. Denn dort draußen, wo die Wölfe lauern ... gibt es nur ein Gesetz: Überleben! Und dazu gehört Erfahrung. Schlauheit und Mut. Und dazu gehört Praxis.

Ein Mensch, ein zweiter Mensch, eine unterschiedliche Meinung, ein Streit, ein Konflikt. Der Ursprung allen Übels liegt in unseren Köpfen, denn zu einem Konflikt kann es nur kommen, wenn man ihn bewusst zulässt. Das geschieht meist, wenn Unsicherheit, Stolz, Neid, Intoleranz, Gewinnsucht oder Manipulation von Dritten mit im Spiel sind, und dieses Spiel ist so alt wie die Menschheit, älter noch als das Metier der Huren und Soldaten. Die Regeln, die den Umgang damit, somit auch das Verhalten und eine Lösung beinhalten, lernen wir bereits im Kindergarten. Konfliktmanagement? Es ist wohl mehr das Etablieren einer gewissen Rangordnung, denn für uns ist klar:

Nur einer hat Recht.[76]

Ein gewaltfreier Umgang mit einem Konflikt, sofern dieser sich direkt und aggressiv von Mann zu Mann anbahnt, ist fast ausgeschlossen. Trifft man einen Konsens, so zumindest nehmen wir es im Unterbewusstsein vage wahr, ist das nur ein scheinbarer Frieden, nicht von Dauer zumindest.

15

Das selbst erlebte „Hardcore"-Beispiel

2007 – Pétionville / Haiti

Es war Ende September im Jahr 2007, ich war Country Manager für eine

76 So entstehen Kriege!

englische Sicherheitsfirma und Verantwortlicher für die Sicherheit des Botschafters der Delegation der Europäischen Kommission, als ich eine doppelt schwere Entscheidung treffen musste: einen meiner lokalen Wachleute entlassen! Der Mann war bereits des Öfteren dadurch aufgefallen, dass er entweder gar nicht oder zu spät zur Arbeit erschien. Als ich ihn persönlich dann dabei erwischte, dass er während des Dienstes schlief, musste ich tätig werden. Bevor ich ihn in mein Büro rief, um ihn von seiner fristlosen Entlassung zu unterrichten, klopfte Eduard, mein Stellvertreter, an meiner Tür. Eduard war Kommandant der haitianischen Polizei gewesen, bevor er für mich arbeitete. Er sagte mir, dass unser „Kandidat" von seiner Entlassung Wind bekommen habe und darüber nicht recht glücklich sei, was bis hierher noch kein wesentliches Problem darstellte. Nun war es aber laut Eduard so, dass der Betroffene früher bewiesenermaßen den Todesschwadronen des Ex-Präsidenten Duvalier, auch genannt Baby Doc[77], angehört hatte. Unser Mann war ein Auftragskiller und gefährlicher Kopfjäger, der bereits einige Dutzend Männer kaltblütig getötet hatte. Mein Vorgänger, zu dieser Erkenntnis kam ich nun, hatte schlechte Arbeit geleistet, denn bei der Einstellung hatte es keinen Background Check gegeben. Keinem der Mitarbeiter wurde auf den Zahn gefühlt, eine Art polizeiliches Führungszeugnis wurde nicht eingefordert. Das hätte mich woanders, zum Beispiel im Kongo, wo es um die Sicherheit der Diamantgruben geht, nicht weiter schockiert. Wir aber waren im Rahmen der Europäischen Kommission zum Schutz hoher Beamter tätig!

Eduard riet mir dringend davon ab, den Mitarbeiter allein in meinem Büro zu empfangen, denn angeblich trug er immer eine Waffe bei sich. Mir aber war diese Angelegenheit sehr ernst. Ich wollte diesen Mann so schnell wie möglich loswerden! Wir beschlossen Folgendes: Eduard sollte mit mir im Büro bleiben. In meiner rechten, halb geöffneten Schublade würde ich zu meinem Schutz eine geladene Glock 21, Kaliber .45 ACP haben, die ich in einer Sekunde hervorholen und in Anschlag bringen konnte. Dasselbe würde Eduard machen, dessen Schreibtisch sich drei Meter rechts von mir befand. Eine versteckte Kamera sollte

77 Jean-Claude Duvalier war von 1971 bis 1986 diktatorisch regierender Präsident Haitis. Unter seinem Regime und dem seines Vaters sind schätzungsweise 60.000 Menschen auf brutale Weise gefoltert und umgebracht worden. Auch 2008 rechnete man in Haiti noch mit der Rückkehr des Gründers der Todesschwadronen.

das Ganze aufnehmen. Nun, unser Kandidat war alles andere als ein Dummkopf. Als er das Büro betrat und unsere entschlossenen Mienen sah, wusste er sofort, aus welcher Richtung der Wind blies, er wusste, dass wir nicht spielen oder lange reden wollten. Ich forderte ihn auch nicht auf, sich zu setzen, wie ich es sonst immer tat. Dafür sagte ich ihm freundlich aber ganz bestimmt, warum er hier war, was ich vorhatte und was ich von ihm erwartete. Und ich wirkte sehr entschlossen. Meine freundliche Attitüde, und genauso wollte ich es auch, war zielgerichtet, ja diktierend, und sollte vermitteln:

- Du kommst.
- Du unterschreibst deine Kündigung.
- Eine andere Wahl lasse ich dir nicht.
- Du gehst.
- Reagierst du falsch und entsteht aus deiner Reaktion heraus eine unmittelbare Gefahr für das Leben meines Stellvertreters oder für mein eigenes Leben, dann rechne mit sofortigen Konsequenzen.

Genau so hat er es auch verstanden. Wortlos unterschrieb er seine Kündigung und wir sahen ihn nie wieder.

Das war knallhartes Konfliktmanagement meinerseits. In einem rauen Land, zu einer schlimmen Zeit und mit bösen Menschen, die nur eine Sprache zu verstehen schienen, war es das einzig Richtige. Ich hatte den Konflikt, denn für mich war es einer, zunächst gelöst, doch doppelte Vorsicht war jetzt geboten, denn für ihn war ich der allein Schuldige für seine Entlassung und wer sagte, dass er mir nicht eines Tages auf meinem Weg zur Arbeit auflauern würde?

Ab diesem Tag bekam ich ständig irgendwelche Warnungen, doch ich war darauf geschult, mit Gefahren dieser Art umzugehen. Ich schlief ab sofort mit einer geladenen Glock unter meinem Kopfkissen, nahm jeden Tag einen anderen Weg ins Büro, und das immer zu anderen Zeiten, lief mal zu Fuß, nahm am nächsten Tag meinen Land Rover, fuhr tags darauf mit dem Bus, und ich traute außer meinen eigenen Leuten niemandem mehr über den Weg. Diese hohe Aufmerksamkeit aufrechtzuerhalten kostete jedoch sehr viel Energie und zehrte mit der Zeit an meinem Nervenkostüm.

Ich schreibe diese Zeilen deshalb auf eine sehr eindringliche Art und Weise, weil ich den Leser an den notwendig rüden Zustand heranführen möchte, der mich nicht schockiert, der ihn aber erschüttern und sprachlos zurücklassen könnte. Einen Zustand, der in erster Linie vom Selbstschutz geprägt ist. Ich für meinen Teil lebte seit meinem achtzehnten Lebensjahr in einer Welt, die Verhaltensweisen bzw. Prozeduren wie im oben beschriebenen Fall des zu entlassenen Wachmanns zuließ, ohne dass es mir fremd vorkam. Ich behaupte sogar, dass, hätte ich in einigen Situationen nicht solche oder ähnliche drastische, rustikale Maßnahmen ergriffen, ich heute mit Sicherheit nicht mehr am Leben wäre. In der freien Marktwirtschaft, im öffentlichen Leben, in einem normalen Arbeitsumfeld, in der heutigen Zeit (und in Deutschland) wäre dies und vieles andere kaum möglich, oder sehen Sie den modernen Verantwortlichen für die „Human Ressource" (Personalchef) einer deutschen Firma seine Arbeitnehmer unorthodox mit einer geladenen Glock empfangen?

Kaum!

... noch nicht!

Und noch etwas soll uns dieses Beispiel lehren:

- Wissen – Informieren Sie sich immer darüber, mit wem Sie es zu tun haben, und bereiten Sie sich dementsprechend praktisch auf die Situation vor. Jede Situation ist anders, hat ihren eigenen Charakter, weil andere Faktoren ins Spiel kommen. Seien Sie höchst konzentriert und bereiten Sie sich peinlichst genau auf *diesen einen Fall* vor.
- Der Innere Kreis – Konfrontieren Sie sich niemals alleine mit einer Gefahr, wenn es sich vermeiden lässt.
- Transparenz – Sichern Sie sich immer ab (Kamera, Tonaufzeichnungen, Zeugen).
- Plan B – Legen Sie sich Notlösungen zurecht.

16

Männer und ihre Körpersprache

Es ist weder meine Absicht noch die des Buches, jemandem vorzuschreiben, wie ein Mann sich geben oder wie er aussehen und handeln soll, und nein: Man sollte niemanden nach seinem Aussehen beurteilen oder in eine bereits beschriftete Schublade werfen!

Die aktuelle Tendenz jedoch, aus gestandenen Männern, Familienvätern und den daraus resultierenden Vorbildfunktionen Weicheier, Modepüppchen und Hampelmänner zu machen, kursiert. Das erkennt man an der Kleidung, am Auftreten und an der ganzen Haltung der Betroffenen.

Unser Auftreten, unsere körperliche Präsenz, die Art, wie wir uns bewegen und sprechen, wie wir die Umgebung mit unseren Blicken durchforschen (oder nicht), sind visuelle Signale unserer Identität. Es sind Signale, die von unserem Umfeld, von Menschen, die uns umgeben, aufgenommen und gespeichert werden. Und diese Menschen nehmen uns genauso ernst wie das Bild, das sie von uns in ihren Köpfen und in ihrer Erinnerung an uns mit sich herumtragen. Unsere Körpersprache ist eine Art Kommunikation mit denen, die in uns eventuell einen Spielplatz sehen, auf dem sie ihre angestauten Aggressionen loswerden können.

Schublade auf – „OPFER"-Schublade zu!

Nun drehen wir den Spieß andersherum. Will ich jemandem an den Kragen, dann wähle ich mein Ziel nach Kriterien aus, die meinen Erfahrungswerten nach *gut und erfolgversprechend* für mich sind. Wenn jemand Entschlossenheit, Selbstsicherheit und Stärke (auch innere Stärke) ausstrahlt und dabei noch hellwach scheint und als *ständig auf der Hut* rüberkommt, dann mache ich ganz sicher einen Bogen um ihn. Ich suche mir lieber das Opfer, das auf mich den unbeholfensten und schwächsten Eindruck macht, auch weil ich davon ausgehe, dass hier die Erfolgsaussichten, an sein Portemonnaie zu kommen, einfach größer sind. Es erwartet niemand, dass Sie aussehen und auftreten wie Chuck Norris in *Texas Rangers*, aber bitte tun Sie alles, damit keiner Sie für *Mr. Bean* hält!

Lektion? Laufen Sie nicht rum wie ein Opfer und geben Sie sich nicht wie eines, dann werden Sie vermutlich auch keines werden!

17

Der steinerne Weg des Kriegers

Eigenschaften eines Parasiten

Ein weiteres Verhalten, das uns Menschen zu potentiellen Opfern der Gesellschaft macht, ist die Tatsache, dass wir stets versuchen, dem auszuweichen, was unbequem, hart und gefährlich ist, was Schmerzen verursacht und Stress bringt. Damit tun wir uns sicherlich keinen Gefallen. Wenn wir nämlich aus heiterem Himmel heraus mit Gefahr, Stress, Schmerzen oder mit Eigensinn konfrontiert werden, bricht unsere Welt in sich zusammen. Wir sind dann paralysiert, weil wir nicht damit umgehen können. Ständiger Komfort, stete Bequemlichkeit und ein total stressfreies Leben sind Eigenschaften eines Parasiten. Mein Tipp: Haben Sie keine Angst, sondern werden Sie aktiv. Werfen Sie sich Kopf voraus und auf recht abenteuerliche Weise ins Leben und scheuen Sie weder die harte Realität noch irgendwelche Rückschläge. Als mich im Jahr 2011 ein Journalist der *Welt am Sonntag* fragte, was mich dazu motiviert hatte, in die Fremdenlegion einzutreten, kam meine Antwort spontan: „Ich wollte ferne Länder sehen, andere Kulturen kennenlernen, der Gefahr ins Auge blicken, frieren, kämpfen, hungern - ich wollte all das intensiv erleben!"

Meine Erwartungen wurden erfüllt!

Bis heute hat sich an meiner Einstellung nichts oder nur wenig geändert. Auch der Kampf ist noch da, nur eben, dass die Waffenwahl eine andere ist. Waren es früher Kriegswaffen, so heißen meine Waffen heute: Waffen der Überzeugung, die Kunst, jemanden zu überreden, das Überzeugen durch Vorbild.

Der Weg des modernen Kriegers muss nicht über Leichenberge führen!

Der Mensch, ein populäres Herdentier?

Beispiele, die zeigen, dass Menschen nur dann stark sind, wenn sie inmitten einer Gruppe agieren, gibt es viele. Meist sind diese Menschen kaum dazu fähig, drei Schritte alleine zu laufen. Sie haben weder den Willen noch die Kraft, dem Leben mit all seinen Tücken entgegenzutreten, und sie suchen täglich, ja sogar stündlich den Austausch und die Bestätigung in der Kollektivität. Meist verstehen sie die Welt nicht mehr, wenn sie, aus welchen Gründen auch immer, ein paar Tage oder Wochen allein mit sich selbst konfrontiert sind oder wenn sie einem Problem alleine gegenüberstehen. Ein anzustrebendes Ziel wäre es, psychologisch von anderen unabhängig zu sein. Das soll nicht heißen, ein solitärer Griesgram zu werden, sondern ganz im Gegenteil ein Mensch, der sich auch alleine, ungeachtet der Umstände, überall und unter jeglichen Bedingungen sicher bewegen, sich einfinden und durchboxen kann. Wenn jemand sehr früh lernt, auf sich gestellt stark zu sein, dann kann er sich auch in der Herde (Gesellschaft) problemlos behaupten.

Sich in der Gesellschaft zu behaupten ist extrem wichtig. Umgekehrt ist der Zug abgefahren. Man bleibt sein Leben lang ein von anderen abhängiger Freak. Diejenigen unter uns, die sich nur im Rahmen der Gruppe entfalten können, haben oft auch das Bedürfnis, dort gut angesehen zu sein. Man tut also alles, damit die anderen anerkennend den Daumen in die Höhe strecken, und das geht leider oft einher mit: auf sich aufmerksam machen um jeden Preis, sich und anderen ständig etwas beweisen zu müssen, stets „in" zu sein! Man zieht sich an wie die anderen, drischt ähnliche Phrasen und verliert schrittweise seine eigene Identität.

Tun Sie sich das nicht an!

Seien Sie ruhig ab und zu unpopulär. Sagen Sie, wenn Ihnen etwas nicht passt, und leben Sie, wie Sie es für richtig halten! Ein Tipp von mir: Halten Sie sich von Menschen mit „Schreihals-Mentalität" fern und auch von solchen, die den Drang haben, auffallen zu müssen.

Nur mit einer kompromisslosen individuellen Stärke können Sie ein wichtiges Glied im kollektiven Inneren Kreis werden.

Die Macht der Intuition

Es gibt Menschen, die weichen Entscheidungen aus: nicht nur den wichtigen, sondern allen Entscheidungen! So lange zumindest, bis dann dieser eine Tag kommt, an dem eine schnell zu fällende Entscheidung über Leben oder Tod entscheiden kann. Das Zögern vor Entscheidungen hat oft nur einen Grund. Es ist die Angst. Wir haben Angst, falsch zu entscheiden. Wir hadern zwischen dem, was der kühle Verstand uns diktiert, und dem, was unser Bauchgefühl sagt. Am Anfang aller Dinge stehen wir als Mensch. Unser Verstand, die Erfahrung und unsere Intelligenz kommen erst danach, bei einigen mehr, bei anderen weniger. Aber eines haben wir alle gemeinsam: die Macht der Intuition! Gefühle vernebeln den Verstand nur selten und das Intuitive ist sehr oft auch das Richtige, denn hier spricht unser Urinstinkt. Unser Bauch ist ein guter Berater! Natürlich belehrt uns das Leben immer wieder dahingehend, dass wir manchmal Entscheidungen (auch intuitive Bauchentscheidungen) treffen, die sich hinterher als falsch herausstellen. Dieser

Pfad, *sich auch mal zu irren*, trägt einen Namen: Leben! Wir sollten weder Angst vor dem Leben noch Angst vor Fehlentscheidungen haben. Eine falsche Entscheidung ist besser als gar keine!

18

Richtiges Verhalten im Angesicht einer Aggression

Begegnet man Ihnen aggressiv, so hüten Sie sich zunächst davor, sofort mit Aggression zu antworten. Lassen Sie sich erst gar nicht in diese Ecke drängen. Kommt es zum Handgemenge und werden Sie herumgestoßen – es ist also noch nichts Schlimmes passiert –, dann müssen Sie sich nicht gleich rächen oder dem andren eine Lektion erteilen. Tun Sie das nämlich, so lassen Sie sich auf dasselbe Niveau herab wie Ihr Gegner, und glauben Sie mir eines: Dieser wartet nur darauf, dass Sie ihm durch Ihr Verhalten *grünes Licht für maximale Brutalität* geben! Vermeiden Sie diesen Teufelskreis und spielen Sie stattdessen die totale Deeskalation, denn Sie haben nur einen Auftrag:

ÜBERLEBEN.

Jemand will Ihre Geldbörse und alle Umstände sprechen gegen Sie? Dann geben Sie klein bei. Geld ist nicht wichtig. Zumindest nicht so wichtig wie Ihre körperliche Unversehrtheit. Geld und die wichtigsten

Dokumente sollten sie dort am Körper aufbewahren, wo sie nicht sichtbar sind. Gewöhnen Sie es sich an, immer ein *Scheinportemonnaie* parat zu haben. In diesem sind ein paar Geldscheine und einige Münzen, alte Kreditkarten und ein paar wertlose Scheindokumente. Bieten Sie das den Aggressoren an. Mit etwas Glück begnügen sie sich damit und lassen Sie in Ruhe.

Doch nun zu einem anderen Beispiel. Sie gehen morgens in die Tiefgarage[78], um mit dem Auto zur Arbeit zu fahren. Sie haben das Auto fast erreicht, als eine Gruppe Jugendlicher auf Sie zuschlendert und Ihnen den Weg versperrt. Einer der Jungs, er sieht böse und gemein aus, löst sich aus der Gruppe, mustert Sie von oben bis unten und fragt nach Feuer.

Seien Sie jetzt hellwach!

Anstatt Ihre Hände unter der Jacke verschwinden zu lassen um das Feuerzeug herauszuholen, oder in der Hosentasche danach zu kramen (höchst gefährlicher Moment[79]), positionieren Sie sich lässig so, dass Sie alle im Blick haben, auch den, der um Sie herumgegangen ist, nun schräg hinter Ihnen steht und doch tatsächlich denkt, Sie hätten es nicht bemerkt. Nehmen Sie eine Körperhaltung ein, die signalisiert: Ich warte ab, bin aber bereit! Lächeln Sie wissend und antworten Sie etwas wie:

„Ich bin Nichtraucher. Lasst es bitte einfach dabei!"

Aber jetzt kommt der Clou. Wenn Sie dabei ganz und gar nicht wie ein Opfer auftreten oder so aussehen, was denken Sie, wie es in den Köpfen der Jungs nun rotiert? Diese wissen sofort, dass sie durchschaut sind. Sie sehen jemanden vor sich, der aussieht, als ob er ganz genau weiß, was er als Nächstes tun wird. Sie sind nach ihrer Meinung mit einem

---

78 Im Dunkeln und alleine in die Tiefgarage zu gehen, ist immer delikat, in einigen Städten sogar ziemlich riskant. In solchen Momenten sollten Sie sehr vorsichtig und aufmerksam sein. Tragen Sie zum Beispiel keine Kopfhörer, keinen IPod oder Walkman und telefonieren Sie nicht. Das Pfefferspray haben Sie in der Tasche oder besser noch, für andere nicht sichtbar, bereits in der Hand, denn es ist nur effizient, wenn der Einsatz überraschend kommt.

79 Sie sind in diesen zwei Sekunden nicht voll einsatzbereit, weil Ihre Hand in der Tasche ist und Ihre Gedanken sozusagen gleich mit. Die Wahrscheinlichkeit, dass Sie jetzt angegriffen werden, ist sehr hoch.

Mann konfrontiert, den man nur schwer einschätzen kann und der keine Angst zu haben scheint (auch wenn der Schein trügt, denn Ihre Knie schlottern vielleicht doch wie Espenlaub).

Auch wenn Ihre Knie vor Angst schlottern, geben Sie sich stets selbstbewusst.

Sollte sich diese oder eine ähnliche Situation im Freien und tagsüber abspielen, dann versuchen Sie, die Sonne immer im Rücken zu haben. Achten Sie auf Anzeichen, die einer Aggression vorausgehen könnten:

- Ein plötzliches Flackern oder Zusammenziehen der Augen.
- Eine veränderte Stimmlage.
- Versteckte Zeichen – per Kopf, Hand, Finger und/oder Augen.
- Eine übergroße Nervosität etc.

Und wenn es dennoch zu einer Aggression kommt?

19

Die Flucht als Zeichen von Intelligenz

Die beste Aggression ist die, die gar nicht erst entsteht, weil wir ihr uns bewusst entziehen. Wenn wir bedroht oder angegriffen werden, bekommen viele von uns einen Tunnelblick. Unsere Wahrnehmungs- und Entscheidungsfähigkeit sind total eingeschränkt. Man sieht nur noch den Gegner, nicht aber die Vielfalt der Lösungen, heil aus der verzwickten Lage herauszukommen. Ist man jedoch zu sehr auf den Gegner konzentriert, stellt man sich unbewusst nur auf eine Lösung ein: die unausweichliche Konfrontation! Man sieht es Ihnen an, dass Sie sich auf eine Kampfsituation einstellen.

Doch es gibt andere, weitaus bessere Lösungen. Fakt ist, wir haben uns weder den Zeitpunkt noch den Ort oder die Art der Aggression ausgesucht, sind also nicht vorbereitet, psychologisch nicht bereit, einen Kampf auszutragen. Wählen Sie unter den beschriebenen Umständen *immer* die Flucht, auch dann, wenn Sie sich zunächst überlegen und sehr stark fühlen. Einer sich anbahnenden Aggression durch eine Flucht bewusst aus dem Weg zu gehen, bringt nur Vorteile. Hier sind sie:

- Mein Körper und meine Gesundheit bleiben intakt.
- Ich bekomme keinen Ärger mit irgendwelchen Behörden.
- Ich muss die Konsequenzen meines Handelns nicht tragen.
- Ich spare also Zeit, Geld und Emotionen.

Lassen Sie also niemals zu, dass Ihr falscher Stolz Sie dazu verleitet, sich unter diesen für Sie ungünstigen Bedingungen dem Kampf zu stellen. Auch die Flucht ist ein Auftrag, eine Aufgabe, der wir uns mit Brillanz stellen müssen, denn „abhauen“ hört sich einfach an. Das ist es aber nicht. Was, wenn der Aggressor fitter ist, das Gelände besser kennt und mit Ihrer Flucht gerechnet hat, demzufolge auf dem vermutlichen Fluchtweg *Verstärkung* postiert hat?

Sechs Punkte für eine aussichtsreiche Flucht zu Fuß

1. Schlagen Sie eine Richtung ein, die Sie kennen.

Das ist wichtig. Sie locken damit den Gegner auf Ihre *Spielwiese*, haben dadurch einen moralischen Vorteil. Versuchen Sie Orte zu erreichen, an denen sich Menschen aufhalten, und bitten Sie um Hilfe. Gibt es Parks, rennen Sie darauf zu und verstecken Sie sich im Dunkeln. Jetzt zeigt sich, wer mehr Geduld, mehr Kaltblütigkeit besitzt.

2. Haushalten Sie mit Ihren Kräften.

Die ersten 50 Meter? Geben Sie richtig Gas! Dann aber sollten Sie ein Tempo einschlagen, das Sie auch über eine längere Distanz locker halten können. Jetzt zeigt es sich, ob Sie fit genug sind.

3. Laufen Sie nicht schnurstracks nach Hause.

Sofort den Weg nach Hause einzuschlagen wäre ein grober Fehler. Noch sind Sie ein Unbekannter. Hat der Aggressor jedoch Ihre Adresse, ist Schluss damit. Jetzt zeigt es sich, ob Sie auch clever sind.

4. Verwenden Sie Pfefferspray.

Halten Sie die Spraydose mit gestrecktem Arm nach hinten und sprühen Sie während des Laufens und mit ausgestrecktem Arm einen Schutzschirm zwischen sich und dem Verfolger. Jetzt wird man sehen, ob Sie bisher aufmerksam mitgelesen haben, denn wir sagten ja, dass das Pfefferspray immer am Mann zu tragen ist, wenn das Haus verlassen wird.

5. Überlegen Sie beim Laufen, welche Waffen Ihnen zur Verfügung stehen.

- Eine Bankkarte[80]?
- Ein Teleskopschlagstock[81]?
- Zuckerwürfel[82]?

---

80 Ist eine Waffe! Man muss nur wissen, wie man sie einsetzt. An einer Ecke geschliffen, kann sie scharf wie ein Rasiermesser sein.

81 Ich erinnere, wir befinden uns in einem bewusst heraufbeschworenen Krisenszenario.

82 Sie stecken lose in der Hosentasche. Und sie sind gefährlich! Einen Zuckerwürfel, ihn zwischen Daumen und Zeigefinger haltend, kann man wie ein Messer benutzen. Er schneidet ins Fleisch und hinterlässt hässliche Narben.

Jetzt könnte es aufs Ganze gehen!

6. Verwenden Sie Hindernisse.

Alles, was Ihnen in den Weg kommt und beweglich ist, werfen Sie zwischen sich und den Verfolger auf den Weg: Mülleimer, Fahrräder, Stühle etc. Springen Sie über Hindernisse und rennen Sie über befahrene Straßen.

Und nun Tacheles: Sollte eine Flucht unmöglich sein oder erwischt man Sie, dann gehen Sie – sofern Sie attackiert werden – *SOFORT* zum Angriff über. Drehen Sie den Spieß radikal um und legen Sie innerhalb sehr, sehr kurzer Zeit (... einige Sekunden) die nur größtmögliche Energie, über die Sie verfügen, in einen explosionsartigen Angriff! Agieren Sie schnell und effizient. Bringen Sie so viel Stress an ihren Gegner heran, wie Sie nur können.

Beim Kampfsport, im Ring sowie im alltäglichen Leben gibt es Regeln, eine Moral. Doch hier riecht es nach Straße und nach Dschungel, und dort gibt es nur eines: Überleben!

Funakoshi Gichin, Begründer des modernen Karate, sagte: „Wenn zwei Tiger kämpfen, so wird der eine verletzt, der andere getötet werden!“ Ihr Auftrag ist es nun, alles daranzusetzen, nicht der Tiger zu sein, der auf der Strecke bleibt. Doch üben Sie sich in Mäßigung, wenn Sie die Oberhand erlangt haben. Wenn die Aggression, die man Ihnen entgegenbringt, endet, dann ist der Job auch für Sie erledigt. Ist die erste Gefahr gebannt, untersuchen Sie sofort Ihren Körper, denn selbst schwerere Verletzungen wie etwa eine Stichwunde spürt man im Stress zunächst oft nicht. Falls Ihr Zustand es erlaubt, dann denken Sie jetzt bereits an die Beweissicherung. Falls es Zeugen gibt, lassen Sie sich Name und Adresse geben. Sind in der näheren Umgebung vielleicht sogar Überwachungskameras installiert, deren Aufzeichnungen man verwenden könnte?

Suchen Sie kurz mit ihren Augen den Tatort ab: Gibt es zurückgelassene Waffen, ein Messer, eine Rasierklinge?

Danach gehen Sie sofort zum nächsten Polizeirevier. Nehmen Sie am besten ein Taxi. Erklären Sie, dass Sie angegriffen wurden, und wie Sie sich verteidigt haben, und erstatten Sie Strafanzeige. Danach suchen Sie einen Arzt auf. Lassen Sie sich gründlich untersuchen. Was Sie gegebenenfalls benötigen, wäre ein Attest über die Schwere der aus der Aggression resultierenden Verletzungen.

20

Kann man generell einen Mann-zu-Mann-Konflikt vermeiden?

Ja, aber dazu gehören mindestens zwei!

Sollte Ihr Gegenüber nämlich die Schwäche besitzen, koste es, was es wolle, die Konfrontation aufrechtzuerhalten und auf *Kontakt* zu gehen, können Sie gar nichts machen. Ansonsten gilt Folgendes:

Hören Sie sich immer an, was Ihr Gegenüber zu sagen hat.
... ohne jedoch eine positive oder eine negative Emotion an den Tag zu legen.

Halten Sie keinen kontinuierlichen Augenkontakt.
Gelegentlicher Augenkontakt genügt, denn wer sich angestarrt fühlt, wird aggressiv. Das ist umso wahrer, wenn unser Gegenüber

psychisch unstabil ist. Beobachten Sie stattdessen Hände, Füße, Bewegungen des Gegners. Fixieren Sie Ihren Blick, wenn schon, dann auf seine Nasenwurzel.

Achten Sie auf den Abstand.
Eine Armlänge soll es mindestens sein, nicht mehr, nicht weniger! So signalisieren Sie weder Angst (Opfer) noch Gleichgültigkeit. Haben Sie weniger Abstand, so reduziert sich auch Ihre Reaktionszeit.

Seien Sie nicht aggressiv, reden Sie mit ruhiger Stimme und kontrollieren Sie Ihre Bewegungen.
Sie wollen die Situation entschärfen? Mit einem aggressiven Verhalten geht der Schuss nach hinten los. Die Stimme heben oder Gesten wie mit dem Finger oder mit der Faust auf jemanden zeigen etc. werden sofort als Aggression aufgefasst.

Unterschätzen Sie niemals einen Gegner.
Ein Hungerhaken, der gerade mal 65 Kilo auf die Waage bringt, ansonsten aber total angstfrei und entschlossen ist, ist die weit größere Gefahr als der super durchtrainierte 90-Kilo-Athlet, der im wichtigen Moment Zweifel oder Skrupel hat. Ich selbst habe das oft erlebt und danach nur noch mit dem Kopf geschüttelt, weil ich es nicht glaubte. Es gibt auch Drogen, die aus dem erstgenannten Lamm - dem vermeintlichen Hungerhaken - einen *Löwen* machen. Diese Leute können Schläge einstecken, die unter normalen Umständen tödlich wären, doch mit Drogen vollgepumpt greifen sie immer wieder und immer wieder an, sogar Schusswaffengebrauch fürchten sie nicht.

Bleiben Sie absolut neutral.
Sollten Sie mitten in einen Streit oder ein Gerangel geraten, ergreifen Sie niemals Partei. Sie kennen die Hintergründe nicht, könnten sich leicht auf die *falsche Seite* stellen und Ihr Fett wegkriegen, ohne genau zu wissen, warum. Das wäre dumm.

Drehen Sie der Situation niemals den Rücken zu.
Das kann durchaus als mangelndes Interesse ausgelegt werden. Außerdem sind Sie in diesem Augenblick völlig wehrlos.

Gehen Sie nie als Erster in den Körperkontakt.
Das überlassen Sie den anderen. Kontakt Ihrerseits gibt es nur, wenn (alle Möglichkeiten erschöpft, Flucht unmöglich) man Sie angreift oder wenn nur ein Erst-Angriff Ihrerseits das Blatt noch zum Guten wenden kann.

Bevormunden Sie Ihren Gegner nicht und geben Sie ihm auch keine Befehle.
Sie sind ehemaliger oder aktiver Soldat, Polizist, Beamter? Heben Sie sich den Befehlston für die Arbeit oder für daheim auf. Banditen, Diebe, Schläger und Radikale, egal aus welcher Szene sie stammen, vertragen keine Autorität. Sie sind psychologisch unstabil, reagieren auf Bevormundung mit Hass und Unverständnis und schließlich mit Gewalt.

Vorsicht Ironie: Falls Sie selber großen Wert darauf legen, in Sachen Konfliktmanagement in die Kategorie „ewiges Talent" eingestuft zu werden, dann verhalten Sie sich folgendermaßen.

- Beleidigen Sie Ihren vermeintlichen Gegner oder lachen Sie ihn am besten aus
- Fixieren Sie den oder die Aggressoren wie die Katze eine Maus und schauen Sie ihm immer genau in die Augen
- Treten Sie ganz nahe an ihn heran und tippen Sie ihm während des Disputs wiederholt mit Ihrem Zeigefinger auf die Brust
- Sagen Sie etwas Intelligentes wie: *„Reg dich ab, Mann"* oder *„Schlecht gepennt oder was?"*

... und tragen Sie hernach die Früchte Ihrer überaus nützlichen Diplomatie!

Zwischenspiel

Mehr Sein als Schein
(... oder wie man Problemen aus dem Weg geht!)

Jerusalem, Dezember 2008

Mein erster offizieller Akt bei dem neuen Job war es, mit Abud die Löhne an unsere Sicherheitsangestellten auszuzahlen. Dazu mussten wir auf die Bank, mitten in Jerusalem, um das Geld abzuholen. Beide bewaffnet mit einer Glock 19, fuhren wir Richtung Stadtmitte und parkten auf einem offenen Parkplatz, schräg gegenüber der Bank. Doch es war keine Bank, sondern eine Festung. Noch nie in meinem Leben hatte ich so viele Sicherheitsvorkehrungen – Kameras, Wachposten, ID-Checks, Stahltüren, gepanzertes Glas etc. – in Verbindung mit einer Bank gesehen. Umso mehr verblüffte mich das lockere Vorgehen meines Stellvertreters Abud. Er packte das Geld – um die 280.000 Schekel –, etwa 75.000 US Dollar, in zwei Plastiktaschen à la ALDI Süd, und wir verabschiedeten uns. Mir war nicht ganz wohl zumute, als wir die Bank verließen, das gebe ich gerne zu. Als ich Abud fragte, warum er so leichtsinnig handelte, sagte er nur, dass es in der Stadt in den Bankenvierteln Banditen gibt, die nur darauf warten, über jemanden mit einem Sicherheitskoffer und mit Eskorte etc. zu stolpern. Davon aber, dass man jemand überfallen hat, der mit ALDI-Tüten durch die Gegend spazierte, hatte er noch nie gehört. Ich musste ihm insgeheim Recht geben.

21

Unser Kfz

März 2004, Riad / Saudi-Arabien

Nachdem abends alle das Gebäude verlassen hatten, verschlossen wir sämtliche Türen. Ich besorgte durchsichtiges Klebeband, das wir kaum sichtbar an den Haustüren sowie am Fahrzeug (ein nicht-gepanzerter Mercedes, Dienstfahrzeug) an genau definierten Stellen befestigten, die wir morgens, lange bevor der Betrieb in der Botschaft losging, sorgsam überprüften. Auch durchsuchten wir peinlich genau die Büros, ob niemand irgendwo ein „Geschenk" für den Botschafter hinterlassen hatte.

Statistiken zufolge ist es des Mannes liebstes Spielzeug, selbst die Frau kommt erst danach. Unser Auto! Doch es ist auch ein Objekt der Begierde anderer Menschen und gleichzeitig oft Mittel zum Zweck. Wenn wir uns entscheiden, es in Krisenzeiten zu benutzen, sollten wir auf folgende Dinge achten, denn hier haben die *Vorsicht* und das *Misstrauen* bereits zahlreiche Leben gerettet.

Kurz vor und während des Ausstiegs.

Bevor Sie die Autotür öffnen, sehen Sie sorgfältig in Rück- und Seitenspiegel, ob niemand Ihnen auflauert. Es sind diese drei Sekunden, die entscheiden, ob sich Ihnen jemand mit Erfolg nähern kann oder nicht. Sie bieten in dieser Phase eine ideale Angriffsfläche, weil Sie damit beschäftigt sind, zu checken, ob die Handbremse greift, ob Lichter aus sind und das alles, während Sie gleichzeitig die Türe öffnen und in Gedanken schon ganz woanders sind!

Nachdem Sie ausgestiegen sind.

Merken Sie sich genau, wie und wo exakt Ihr Fahrzeug steht. Suchen Sie sich dafür zentimetergenaue Markierungspunkte oder markieren Sie eine Stelle nahe dem vorderen Reifen mit einem Kiesel, einem Kreidestrich oder Ähnlichem. Das ermöglicht es Ihnen, bei der Rückkehr festzustellen, ob jemand das Fahrzeug bewegt hat. Überprüfen Sie, ob Fenster, Türen und Kofferraum verschlossen und ob das GPS oder andere Wertsachen nicht sichtbar sind.

Gepanzertes Kfz

Bevor Sie wieder einsteigen.

Überprüfen Sie die angebrachte Markierung sowie den äußeren Aspekt des Fahrzeuges. ... *ist etwas anders?* Manchmal genügt ein Blick, um Kleinigkeiten zu registrieren, die einem das Leben retten können. Sind alle Fenster und Türen geschlossen und intakt? Sind Drähte, Glas- oder Plastiksplitter zu sehen?

Nachdem Sie eingestiegen sind.

Sehr heikle Phase! Schließen Sie *sofort* die Zentralverriegelung, legen Sie den Sicherheitsgurt an, lassen Sie den Motor an und fahren Sie *unverzüglich* los. Das eventuelle Einrichten der Spiegel, des Sitzes und das Suchen nach einer geeigneten CD für die Fahrt hat Zeit, bis Sie ein paar Meter weg auf der Straße sind und bereits Geschwindigkeit aufgenommen haben.

Wheels on tarmac / Räder auf dem Asphalt.

Diese Regel beschreibt nichts anderes, als dass, wenn Sie im Stau stehen oder an einer Ampel anhalten müssen, Sie stets so viel Abstand zum Fahrzeug vor Ihnen einhalten sollten, dass Sie immer dessen hintere Räder noch auf dem Asphalt sehen können. Dieser Abstand erlaubt es Ihnen, im Notfall oder bei einer Aggression schnell auszuscheren. Carjackings[83] ereignen sich am häufigsten an Ampeln oder an Stellen, an denen Sie langsam fahren oder stehen bleiben müssen beziehungsweise nicht schnell reagieren können.

Und zu guter Letzt.

Versichern Sie sich stets, dass Ihr Tank immer mindestens zu einem Drittel voll ist. Unterschreiten Sie diese Marke nie! Der Tankdeckel muss abschließbar sein, und das aus mehreren Gründen.

- Um Spritklau vorzubeugen.
- Um zu verhindern, dass jemand ein IED[84] (Sprengsatz) hinterlegt.
- Um zu vermeiden, dass irgendwelche Witzbolde ein mit Benzin und Öl getränktes Tuch in den vollen Tank stecken, um Ihr Fahrzeug in Brand zu setzen.

---

83 Entwendung eines Fahrzeuges, meist unter Androhung von Gewalt und im Beisein des Besitzers.

84 Unkonventionelle Spreng- oder Brandvorrichtung.

DIE KUNST DER SELBST-VERTEIDIGUNG

4

Der folgende Artikel „Sich verteidigen wie echte PROFIS“ wurde in der Tat von Profis verfasst. Tom und sein Team sind, was den Selbstschutz, die Selbstverteidigung sowie Kampfsport und Fitness anbelangt, absolut souverän. Warum? Weil sie auf eine langjährige Erfahrung zurückblicken können und weil hier Männer, Trainer und Ausbilder am Werke sind, die – beruflich wie auch im Privatleben – täglich aktiv an ihren Fähigkeiten arbeiten, diese ständig verfeinern und schließlich weitergeben. Und genau das suchte ich. Qualität und Praxisnähe!

22

Sich verteidigen wie ein echter Profi

In Zeiten der immer größer werdenden Kluft zwischen Arm und Reich, steigender Arbeitslosigkeit und einer damit einhergehenden steigenden Gewaltbereitschaft ist die Thematik Selbstschutz bzw. Selbstverteidigung präsenter und gefragter denn je. Hierbei ist anzumerken, dass in Situationen, in denen früher noch ungeschriebene Gesetze galten wie:

- „Nur einer gegen einen"
- „Sobald jemand am Boden liegt, ist Schluss"
- „Keine Gewalt gegen Frauen"
- „Waffen sind nicht erlaubt" etc.

Heute ist leider dem Gewaltexzess oftmals keine Grenzen mehr gesetzt. Selbst vor dem unüberlegten Einsatz von (extra abgebrochenen) Gläsern, Flaschen, Messern und anderen spitzen und scharfkantigen Gegenständen wie Scheren, Schraubenziehern etc. wird heute nicht mehr haltgemacht. Damit werden den Opfern teilweise schwerste bis tödliche Verletzungen zugefügt, und das aus größtenteils nichtigen Gründen. Aber auch ohne den Einsatz von Waffen kommt es heutzutage zu brutalsten Gewalttaten, bei denen selbst bereits am Boden liegende, bewusstlose Opfer von den Tätern weiter drangsaliert werden, bis diese schließlich in der Notaufnahme oder sogar mit schwersten Folgeschäden im Koma landen.

Sicher herrscht bei einigen jetzt die Meinung, dass es ja genug „Kampfsportschulen" gibt, die diverse Selbstverteidigungskurse bis hin zu den immer populärer werdenden MMA (= Mixed Martial Arts) anbieten – warum sich also überhaupt mit Selbstschutz befassen?

Dazu möchten wir kurz auf den Unterschied zwischen klassischem Kampfsport und realitätsbezogenem Selbstschutz eingehen.

Kampfsport

Beide Seiten erzeugen (freiwillig) das „Problem“ und das Ziel ist es, den (Wett-) Kampf zu gewinnen!

Selbstschutz

Es entsteht durch mein Gegenüber ein Problem, welches ich nicht habe und grundsätzlich auch lieber vermeiden würde!

Das oberste Ziel?

Die körperliche und seelische Unversehrtheit!

Bei effektivem Selbstschutz sind einige Dinge zu beachten, wobei wir Ihnen hier die für uns grundlegendsten Punkte mit auf den Weg geben möchten:

Reale Angriffe / Übergriffe

- Sie sind immer schneller, härter und unvorhergesehener, als Sie es sich vorstellen können.
- Sie finden immer genau dann statt, wenn es Ihnen am wenigsten „passt“, bspw. wenn Sie vielleicht gesundheitlich angeschlagen oder übermüdet sind. Wenn Sie Alkohol konsumiert oder private und/oder berufliche Probleme haben. Auch ist dann oft die Umgebung ungünstig wegen Platzmangel, Dunkelheit usw.
- Sie laufen oftmals nach ähnlichem Muster ab: Zielauswahl – Positionierung – Angriff.

Bei Angriffen / Übergriffen gibt es immer 3 Konfliktphasen, in denen es jeweils wichtige Dinge zu beachten gilt:

Vorkonfliktphase	Konfliktphase	Nachkonfliktphase
1. Distanz zum Gegner	1. Umfeld	1. Umfeld beobachten
2. Vorkonfliktzeichen	2. Mögliche Hilfsmittel	2. Self Check – Absuchen nach eigenen Verletzungen
3. Fluchtmöglichkeiten	3. Einfache und effektive Technik / Taktik	3. Notruf
4. Auf sich aufmerksam machen		4. Zeugen
5. Begleitung / Absprachen		

Technik / Taktik

- Je weniger Techniken, desto besser, je mehr Auswahlmöglichkeiten Sie haben, um auf einen Angriff zu reagieren, desto länger wird Ihre Reaktionszeit (Hick´s Law).
- Die Techniken / Taktiken sollten sich *immer* an den natürlichen, instinktbasierten Reflexen und Verhaltensmustern orientieren.
- Nutzung von SOP´s – *Standard Operating Procedures* –, eine Art Fahrplan, an dem Sie sich bei einem Übergriff entlanghangeln können, um so dem Angreifer immer einen Schritt voraus zu sein.
- Ihre innere Einstellung; psychische Vorbereitung in Bezug auf

gewaltsame Übergriffe in allen möglichen Formen. Der WILLE, alles Notwendige zu tun, um sich selbst oder Ihnen nahestehende Personen im Ernstfall schnell und effektiv vor solchen Angriffen schützen zu können.

Stress

- Erkennen von (Hoch-)Stresssymptomen wie Zittern, trockenem Mund, feuchten Händen, bebender Stimme etc.
- Wissen um die Auswirkungen von hormon- und angstinduzierter Herzschlagfrequenzerhöhung auf den Körper (Vasokonstriktion, irrationale Angriffs- oder Fluchthandlung, Angststarre, Tunnelblick etc.) und wie Sie diese Symptome in den Griff bekommen können (vgl. auch Heart-Rate-Modell von Lt. Col. Dave Grossmann)
- Individuelle Möglichkeiten durch Ausschüttung von Stresshormonen und damit verbundener Zugriff auf autonom geschützte Energiereserven des Körpers für 100%-ige Leistungsfähigkeit

Als Nächstes möchten wir Ihnen eine kleine Auswahl an möglichen Szenarien aufzeigen und wie Sie diese möglichst unbeschadet bestreiten könnten. Um es nicht bei jedem Punkt aufs Neue erwähnen zu müssen, setzen wir voraus, dass eine deeskalierende Kommunikation und Flucht in all diesen Situationen nicht möglich ist und Selbstschutz die einzig verbleibende Alternative darstellt.

Situation 1: Übergriff am Fahrzeug

- Auf Distanz und Vorkonfliktzeichen achten.
- Schnell, hart und geschützt die Angriffsdistanz schließen.
- Vitale Punkte wie Augen, Schläfe, Kinn, Nase, Genitalien etc. angreifen, um die Auseinandersetzung möglichst schnell und effektiv zu beenden.
- Flucht, Self Check, Notruf etc.

Situation 2: Raubüberfall / räuberische Erpressung

- Kooperieren und Geldbeutel aushändigen.
- Sollte erkennbar sein, dass der Täter NICHT nur am Geld interessiert ist: Überraschungsmoment nutzen (Werfen des Geldbeutels in das Gesicht des Gegners).
- Schnell, hart und geschützt die Angriffsdistanz schließen.
- Vitale Punkte angreifen (bspw. Schläfe, Kinn etc.).
- Flucht, Self Check, Notruf etc.

Situation 3: Messerbedrohung vor einem Hauseingang

- Auf Distanz achten.
- Nahes Umfeld nach eventuellen Hilfsmitteln (Besen, Eisenstange, Stühle etc.) „absuchen".
- Beim Angriff: Versuchen, das Messer mit den Händen wegzuhalten und den Waffen führenden Arm zu fixieren.
- Vitale Punkte angreifen, ohne Kontrolle über das Messer zu verlieren (bspw. durch Brechen des Waffen führenden Angriffsarmes).
- Flucht, Self Check, Notruf etc.

Situation 4: Körperlicher Übergriff mit eingeschränkter Fluchtmöglichkeit

- Würgende Hand greifen und Kinn nach unten nehmen zum Schutz des Kehlkopfes.
- Möglichst zügig auf vitale Punkte einwirken (bspw. Schläfe, Kinn, Nase etc.).
- Umgebung nutzen, um Fluchtmöglichkeit zu schaffen (in diesem Fall *Täter gegen Wand*, siehe Foto).
- Flucht, Self Check, Notruf etc.

Zum Abschluss der Thematik möchten wir Ihnen noch aufzeigen, welche vielfältigen Komponenten das Thema Selbstschutz unserer Meinung nach beinhaltet:

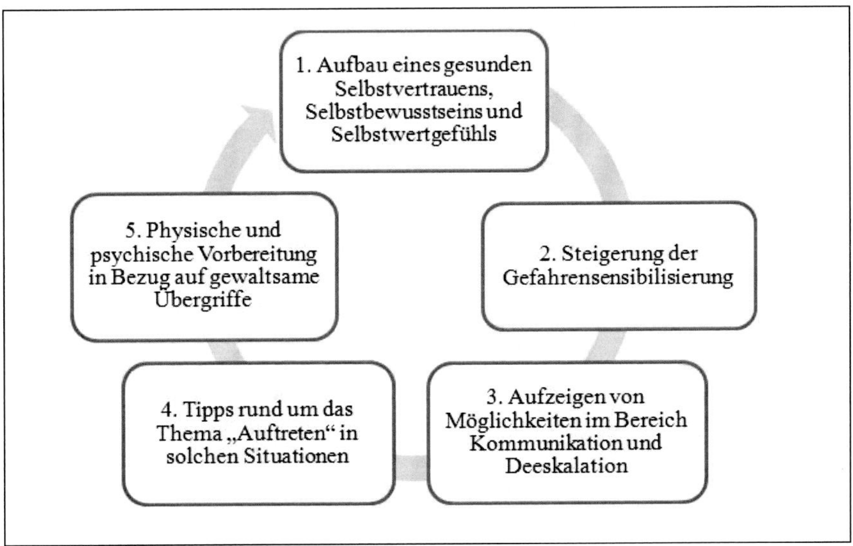

Für weitergehende Informationen kontaktieren Sie uns gerne unter www.profis4u.de.

DAS SURVIVAL CIRCUIT-TRAINING

5

Training gehört zu den gesunden Angewohnheiten,
denen man eine gewisse Sturheit verzeiht.

Prof. Dr. med. Gerhard Uhlenbruck (*1929)
Deutscher Immunbiologe

23

Das Geheimnis liegt in der Regelmäßigkeit

Mit Sport ist es wie mit vielen anderen wichtigen Dingen im Leben auch. Man sollte ständig etwas Zeit dafür aufwenden, ohne es aber zu übertreiben. Lieber zwei- oder dreimal die Woche etwas Sport, das aber kontinuierlich ein ganzes Leben lang, als ein Jahr lang jeden Tag Sport und dann, völlig ausgebrannt, aufgeben. Ich habe in Survival Band 1 immer wieder darauf hingewiesen, dass ein gut trainierter Körper ein wichtiges Glied in der Überlebenskette darstellt. Nun könnte man joggen gehen, Krafttraining im Fitnessstudio machen oder sich irgendwelchen Kampfsportarten verschreiben. Ich bin davon überzeugt, dass die goldene Mitte gerade richtig ist: Koordination, Kraft, Ausdauer und Beweglichkeit, vereint in einem leichten Para-Circuit-Training, und zwar so, wie es sich ähnlich bei den Fallschirmjägern der Legion bewährt hat, also eine typische (gemäßigte) Legions-Sporteinheit. Der Zeitansatz beträgt etwa 40 Minuten und da die beigefügten Zeichnungen aussagekräftig genug sind, sehe ich von langwierigen Erklärungen ab.

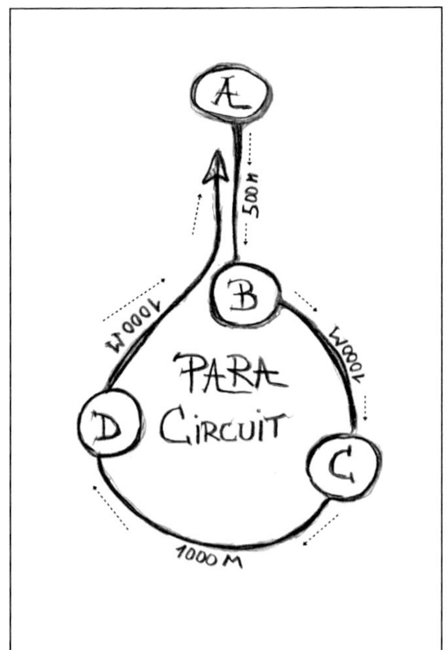

Para Circuit Training

A = Start/Ziel

Machen Sie, bevor es losgeht, bei Station A fünf Minuten lang leichte Dehn- und Streckübungen und laufen Sie danach (schnelles Gehen) von A nach B.

B = Erste Station

Klimmzüge

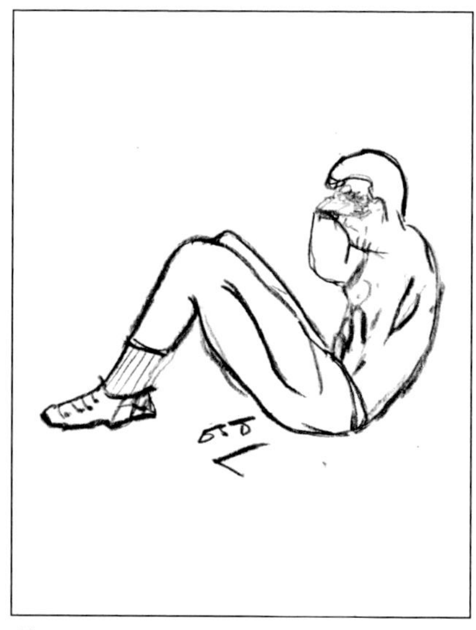

Sit-ups

Ihre Kraft ist zum ersten Mal gefordert. An dieser Station machen Sie 20 Sit-ups und 4 Klimmzüge. Ein Klimmzug ist dann komplett, wenn das Kinn mindestens auf gleicher Höhe wie die Stange oder darüber ist. Ich unterteile bei den Klimmzügen in zwei Schwierigkeitsgrade. Der Mann führt sie ohne Hilfe aus, während er die Frau unterstützt. Diese Hilfe sieht so aus, dass er mit beiden Händen ihre Fußgelenke umfasst und sie kräftig auf dem Weg nach oben begleitet.

Ist das geschehen, joggen Sie von B nach C. Der lockere Lauf ist natürlich das Kernstück. Man sollte währenddessen reden können, ohne dabei in allzu große Atemnot zu kommen.

C = Zweite Station

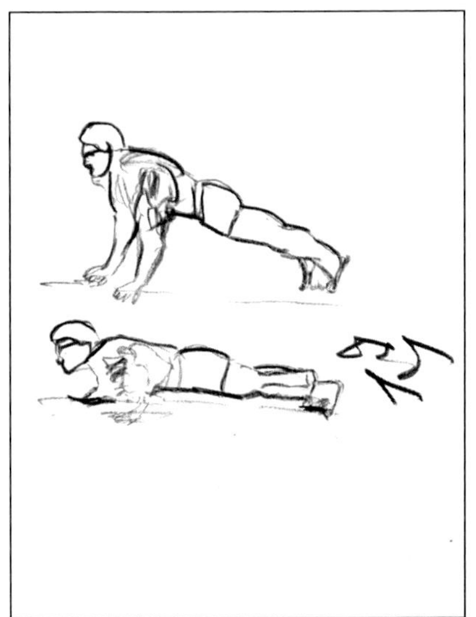

Liegestütze

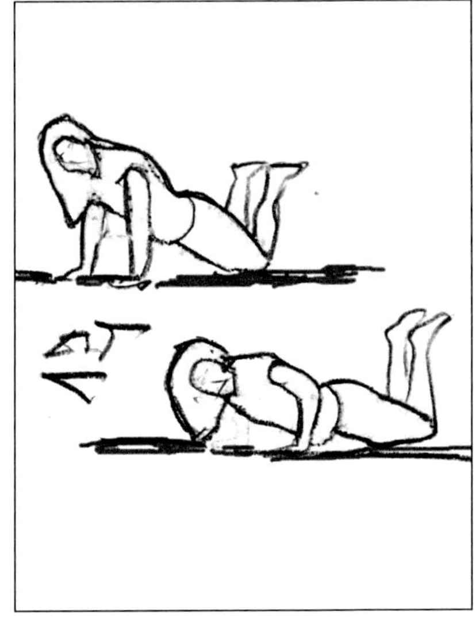

Liegestütze Frauen

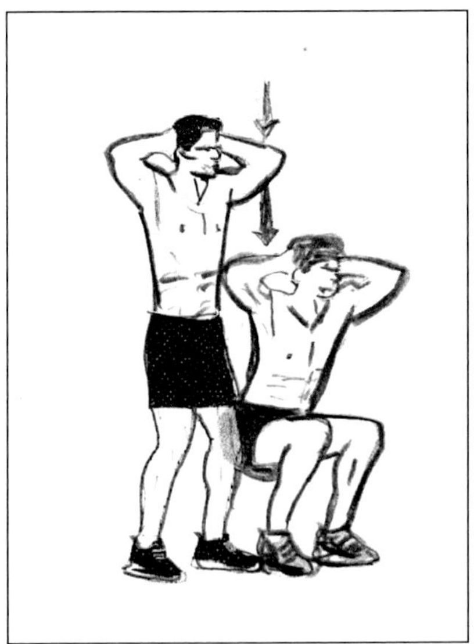

Kniebeugen

Hier machen Sie 20 Liegestütze und 20 Kniebeugen. Auch bei den Liegestützen unterscheiden wir zwischen Frau und Mann. Während der Mann *reguläre* Liegestützen macht, bei denen nur die Handflächen und die Fußspitzen den Boden berühren, benutzt die Frau ihre Handflächen und die Knie als Auflage.

Die Kniebeugen sind dann komplett, wenn Schenkel und Waden einen 90°-Winkel bilden, die Liegestütze, wenn die Brust den Boden berührt. Sie joggen nun weiter von C nach D, wo ein drei bis vier Meter langes Seil auf Sie wartet.

D = Dritte Station

Seil mit den Armen erklimmen ...

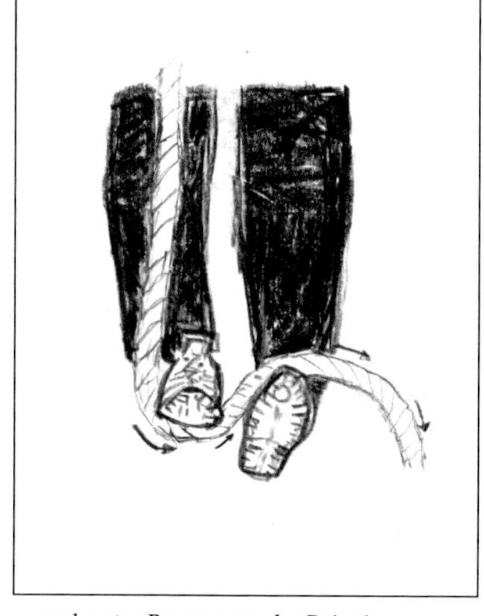

... und unter Benutzung der Beine!

Dieses Seil – Nullgrenze ab der Höhe, an der Sie Hand anlegen, also eine Armlänge über Ihrem Kopf – klettern Sie so weit hoch, wie Sie können. Benutzen Sie dabei entweder nur die Arme oder aber Arme und Beine. Die Technik, die Beine zu benutzen, ist auf dem Bild gut zu erkennen. Wichtig dabei ist, dass Sie fast nur die Kraft Ihrer Beine einsetzen, die Arme jedoch schonen. Nachdem Sie das geschafft haben, joggen Sie weiter bis auf Höhe der Station B und *gehen* von dort langsam zurück nach Punkt A. Hier dehnen und strecken Sie sich fünf Minuten lang: Das Training ist beendet! Wer will, startet nun in die nächste Runde.

6 DIE GEFAHR AUF SAMTENEN PFOTEN

6

Wenn ein Hund einen Menschen angreift, kennen wir die Gründe oft nicht. Vielleicht hat der Hund Angst. Vielleicht quälen ihn Schmerzen.

Bissiger Hund (Shutterstock, ©Verkhovynets Taras)

Vielleicht diktiert der Wehrtrieb sein Handeln. Oder er ist vom Wesen her bereits aggressiv. Wer glaubt, ganz genau zu wissen, was in einem Hund kurz vor und während des Angriffes wirklich vorgeht, der müsste den Hundenobelpreis bekommen, denn das ist völlig unmöglich, wissen wir doch nicht einmal, was ein Mensch in ähnlichen Situationen tatsächlich denkt.

24

Wie schütze ich mich vor einem bissigen Hund?

Aus Erfahrungswerten aber können Hundeexperten über die Motive, warum ein Hund sich aggressiv verhält, spekulieren und eventuell seine Verhaltensweise vorhersagen. Es versteht sich natürlich von selbst, dass ein Kampfhund nicht automatisch ein bissiger Hund und im Gegenzug, dass ein bissiger Hund nicht unbedingt ein Kampfhund sein muss. Kampfhunde sind oft sehr gesellig. Sie haben generell einen recht umgänglichen Charakter, was man von einem *nur* bissigen Hund nicht behaupten kann. Ich betone dies, damit der Leser weder den Kampfhund noch eine andere Hunderasse von vorneherein verurteilt oder ein schlechtes Licht auf diese fällt. Menschen, die von einem Hund angegriffen werden, befinden sich oft in einer echten SURVIVAL Situation. Dahinter steckt umso mehr Wahrheitsgehalt, sofern es sich bei dem Angreifer tatsächlich um einen Hund handelt, der in die Kategorie Kampfhund fällt. Einen bissigen *normalen* Hund zur Raison zu bringen, das könnte klappen, wenn Sie die unten aufgeführten Maßnahmen beherzigen. Mit einem *zum Kampf entschlossenen* Kampfhund fertigzuwerden ist wieder eine ganz andere Sache. Man müsste wohl ein *Kampfmensch* sein, um eine solche Attacke unbeschadet zu überstehen. Anbei also eine Rasseliste der Hunde, die nur im Kontext *„Kann dem Menschen bei einem Angriff sehr gefährlich werden"* zu sehen ist, die jedoch nicht das *Wesen* der Hunde selbst widerspiegelt.

Da jedes Bundesland es tatsächlich so handhabt, selbst für sich zu bestimmen, welcher Hund in der Kategorie Kampfhund zu führen ist, dürfen wir (zumindest hier) gerne etwas verallgemeinern.

Rasseliste der Hunde

Pitbull Terrier - American Bulldog - American Staffordshire Terrier - Bullmastiff - Bandog - Cane Corso - Bullterrier - Dobermann - Tosa Inu - Staffordshire Bullterrier - Dogo Argentino - Fila Brasileiro - Dogue Bordeaux - Mastiff Español - Rottweiler - Mastino Napolitano - Kangal.

Es versteht sich von selbst, dass ein aufgebrachter Schäferhund, ein wütender Collie oder ein außer Rand und Band geratener Boxer ebenfalls eine Gefahr darstellt, der eine weniger, der andere mehr.

Was also sollen wir tun, wenn wir angegriffen werden?

Hier einige Ratschläge von Jens Orgeldinger, einem erfahrenen Kennelmaster (Sprengstoffsuchhund-Trainer) EDD K9:

- Starren Sie den Hund auf keinen Fall an.
  Das steigert seine Aggression.
- Bleiben Sie ruhig.
  Leichter gesagt als getan. Es ist aber wichtig, die Nerven zu behalten.

- Bringen Sie einen Gegenstand zwischen sich und den Hund. Was sich gerade anbietet. Ein Fahrrad, eine Mülltonne, ein Möbelstück etc.
- Stellen Sie sich mit dem Rücken gegen ein Objekt oder springen Sie auf etwas, wo der Hund Sie nicht erreichen kann. Springen Sie auf den Tisch, auf einen hohen Stuhl oder klettern Sie auf einen Zaun oder Baum.
- Bewegen Sie sich nicht ruckartig oder spontan. Das wirkt auf den Hund wie ein rotes Tuch!

Das Schlimmste, was man tun kann, und da sind alle Spezialisten sich einig, ist davonzulaufen. Der Hund wird sofort die Verfolgung aufnehmen. Sie werden zur Beute.

Also: Kein fluchtartiges Wegrennen!

Hinweise für Jogger

Sind Sie in Bewegung, beispielsweise beim Joggen, und es kommt Ihnen ein Hund entgegen (keine Leine und ohne Maulkorb): Bleiben Sie besser stehen. Der Hund könnte Ihr schnelles *Auftreten* als Angriff werten. Gähnen Sie lauthals mehrmals hintereinander. Drehen Sie dabei Ihren Kopf ein wenig zur Seite und bewegen Sie sich langsam und rückwärts vom Hund weg.

Ist ein Stock in Ihrer Nähe? Stecken Sie diesen quer in den Rachen des Hundes, wenn er Sie angreift.

Hinweis für Hundebesitzer

Wird Ihr Hund angegriffen, gehen Sie unter keinen Umständen dazwischen. Selbst Ihr eigener Vierbeiner könnte Sie beißen, da er Sie im Kampf nicht schnell genug erkennt, und: Begegnen Sie niemals einer Aggression mit einer Gegen-Aggression. Selbstbewusstes Auftreten ist hier nur vorteilhaft!

Scheint ein Biss unvermeidbar, benutzt man alles, was greifbar ist, um sich selbst zu verteidigen, und wenn es nur die Jacke oder ein Stock oder Ast ist, um das Tier möglichst vom Körper wegzuhalten.

Die besonders empfindlichen Stellen bei einem Hund sind Augen, Schnauze, Brust, Bauch und auch die Weichteile! Wenn es hart auf hart kommt: Stechen Sie ihm mit den Fingern in die Augen, kneifen Sie ihn so fest wie möglich in die Schnauze oder treten Sie in seine Weichteile. Schützen Sie dabei Ihren Hals, Bauch und Gesicht mit den Armen.

Zwischenspiel

An einem bitterkalten Morgen im Jahr 2009 ging ich in aller Frühe mit meinem Hund, einem Golden Retriever, im Wald spazieren. Es war noch dunkel. Da ich gerade von der Nachtschicht heimgekommen war, trug ich schwere Stiefel, Uniform und Handschuhe. Wie immer hatte ich ein Taschenmesser bei mir. Mitten auf dem schmalen Pfad schoss plötzlich eine große Gestalt aus dem Nichts hervor. Es war ein enormer American Staffordshire Terrier, dessen Kopf mich von der Größe her an den eines Kalbes erinnerte. Ich kannte ihn. Es war der Hund eines Nachbarn. Er war sonst immer friedlich, fast träge, und er ließ sich auch sehr gerne streicheln. In diesem Augenblick aber war er zur Bestie geworden. Sein mächtiges Gebiss schloss sich um den Kopf meines Hundes, der an Gegenwehr nicht mal denken konnte. Da Stan, so hieß der Hund, an die 45 Kilo auf die Waage brachte, hatte auch ich zunächst Angst, mich den beiden zu nähern. Als ich jedoch sah, wie *mein Golden Retriever* sein Blut verlor und sich kaum mehr bewegte, kehrte mein Mut zurück. Ich trat zu, und das gleich mehrmals, wobei ich auf die Schnauze des aggressiven Hundes zielte.

Zunächst ohne Resultat, im Gegenteil – es schien Stan kaum etwas auszumachen. Erst als ich alle Kraft in einem einzigen Tritt vereinte, öffneten sich seine Kiefer und man konnte deutlich sehen, wie der große

Hund zur Räson kam. Er ahnte, dass er etwas falsch gemacht hatte. Mein eigener Hund derweil blutete aus einer hässlichen Wunde am Hals. Als ich ihn vom Tatort weggezogen hatte, verband ich ihn und fuhr sofort zum Tierarzt. Obwohl übel zugerichtet, hatte er Glück gehabt, denn die Arterien waren intakt.

Im Nachhinein kam ich für mich zu drei Feststellungen:

- Ich habe, indem ich mich einmischte, gegen meine eigenen Regeln verstoßen. Wäre ich jedoch passiv geblieben, so hätte es den sicheren Tod meines Hundes bedeutet.
- Stan, der Angreifer, war ohne Leine unterwegs gewesen. Selbst der schnell herbeigeeilte Besitzer (eine Frau!) konnte seine Rage nicht beschwichtigen. Vielleicht hatte sein Urinstinkt ihm suggeriert, dass mein Hund ein Feind sein könnte; und Feinde werden getötet! Eventuell hatte er auch nur sein Herrchen verteidigen wollen *oder* sein Kampfinstinkt war in ihm erwacht, als er plötzlich im Dunkeln einem anderen Hund gegenüberstand.
- Hätte sich der *Kampfhund* auf mein Eingreifen hin gegen mich gewandt, so hätte ich mir nicht anders zu helfen gewusst, als mein Messer einzusetzen. Ob mir das scharfe Taschenmesser jedoch geholfen hätte, steht auf einem anderen Blatt. Pfefferspray wäre eventuell die Lösung gewesen, doch das stand daheim im Wohnzimmerregal, wobei wir bei meinem zweiten Regelverstoß angelangt wären.

WASSER IST LEBEN

7

Es befindet sich im ständigen Kreislauf, fällt als Regen auf unser Land, auf die Meere und Seen. Es verdunstet und steigt als hauchfeiner Nebel wieder in die Atmosphäre auf.
Dort häuft es sich, Wolken werden gebildet und es regnet.
Und so war es immer.

Im Alltag sowie in einer Stress-, vor allem aber in einer Überlebenssituation benötigen wir jedes einzelne Mitglied unseres Inneren Kreises. Fehlt ein Glied, so ist das Leben aller in Gefahr. Wie der Leser bereits in *Survival Total Band 1* erfahren konnte, bin ich jemand, der viel in der Welt herumgekommen ist, meist mit Männern in meiner Spur, die so leicht nichts aus den Stiefeln werfen konnte. Wenn dann doch mal einer umfiel, dann nicht etwa immer, weil ihn eine Kugel erwischt, sondern viel häufiger, weil er zu wenig Wasser getrunken hatte.

Aus dieser Erfahrung heraus ist es mir ein Leichtes, die wohl größte Gefahr, der wir täglich begegnen, mit großen Buchstaben an die Wand zu malen.

Lebenselixier Wasser

DEHYDRATION !

In einer *Urban Survival Situation* Trinkwasser zu finden ist das größte Problem für uns. Wasser ist die Grundlage allen Lebens auf unserer Erde. Nehmen wir es in unzureichender Menge zu uns, kommt unser innerer Wasserhaushalt durcheinander, was wiederum zu starken Beeinträchtigungen wichtiger Körperfunktionen führt. Unsere Zellen trocknen dann aus. Langfristig führt Wassermangel zum Tod.

Wir, die wir das Wissen über die Wichtigkeit des Wassers haben, stehen in der Verantwortung unseren Kindern und älteren Menschen gegenüber. Kinder achten wenig auf ihr Durstgefühl[85] und bei den Senioren ist es einfach nicht mehr ausgeprägt genug. Ich erinnere, dass jeder, ob jung oder alt, wichtig ist, seine Rolle hat. Ausfälle dürfen wir nicht hinnehmen, vor allem, wenn es sich doch so leicht vermeiden lässt. Wasser zu finden und es so zu behandeln, dass es trinkbar[86] ist, sowie Vorräte zu schaffen sollte für uns deshalb Priorität haben. Doch wo nehmen wir unser Wasser her?

Zu unserer Verfügung steht:

- **Trinkwasser aus der Leitung.**

  Noch haben wir es! Und den uralten Rohren zum Trotz, teilweise noch aus Blei gemacht, ist es trinkbar. Ob es dabei auch gesund ist, ist ein anderes Thema. Für die hoffentlich nicht ewig andauernden Krisenzeiten taugt es aber allemal. Doch was, wenn uns jemand sprichwörtlich den Hahn zudreht?

- **Regenwasser, Eis und Schnee.**

  Sobald sich eine Krise abzeichnet, tragen Sie dafür Sorge, dass das

85 Körperliche Betätigung, Alkohol, proteinreiches Essen und salziges Essen steigern das Durstgefühl und den Wasserverbrauch.

86 Vergessen wir nicht, dass wir neben dem Trinkwasser auch Wasser zum Kochen, für die körperliche Hygiene, zum Waschen, für den Garten und für unsere Haustiere benötigen. Unser Tagesbedarf liegt bei etwa 20 bis 25 Litern pro Person! Ich spreche hier von einem Minimum. Studien zufolge liegt der Verbrauch von Wasser pro Person am Tag bei etwa 135 Litern, was enorm ist.

Regenwasser via Regenrinne in saubere Behälter oder in Regentonnen geleitet wird. Ein Filter im Ablaufrohr verhindert, dass größerer Schmutz wie Blätter, Kot von Vögeln und Dachfragmente wie Sand oder Steinchen ins Wasser gelangen. Das so gesammelte Wasser kann zur Körperpflege oder als Löschwasser benutzt werden. Im Notfall verwenden wir es auch als Trinkwasser, denn Regenwasser in seiner puren Form hat noch niemanden getötet. Eine weitere Behandlung ist gegebenenfalls vorerst unnötig, außer das Wasser steht mehrere Wochen lang in den Regentonnen oder in irgendwelchen Behältern herum. Dann sollte man es kochen oder gar mit Chlor aufbereiten.

- **Grundwasser: Sickerwasser und Wasser aus Bächen, Flüssen und Seen.**

  Wie es aktuell um die Qualität des Grundwassers steht, ist den Behörden noch unklar, wahrscheinlich schlecht. Ob aus dem Brunnen, dem Bach oder den zahlreichen Quellen, eine Aufbereitung bietet sich an.

Bambusrinne als Wasserleitung.

25

Die Wasseraufbereitung

Industrie, Landwirtschaft, Fäkalien, Kadaver von Mensch und Tier vergiften unser Grundwasser. Gehen Sie grundsätzlich davon aus, dass Wasser, egal woher es in Krisenzeiten kommt, ungenießbar ist.[87] Wir müssen also Sorge dafür tragen, dass krankheitserregende (pathogene) Keime oder toxische Substanzen getötet bzw. entfernt werden, bevor wir Wasser trinken. Auch wenn es klar und sauber aussieht, muss es aufbereitet werden! Desinfektion und Abkochen sind die bekanntesten Prozesse der Wasseraufbereitung, die auch wir anwenden können. Eine grobe Filterung sollte jeder dieser Methoden vorausgehen, sofern das Wasser sehr trübe, sichtbar verunreinigt und verschlammt ist.

Einfaches Filtern

Einfaches Filtern

87 Es gibt Ausnahmen: Wasser, das aus Pflanzen wie gewissen Lianen, dem Baum der Reisenden, oder durch die Technik der Verdunstung gewonnen wird, ist sofort uneingeschränkt trinkbar!

Abstehen-Lassen (Abschöpfung)

Bei dieser Methode geht es nur darum, dass Schlamm und feine Partikel sich auf den Grund der verwendeten drei Gefäße (die wir hier aus anschaulichen Gründen Gefäß 1, 2 und 3 nennen) absetzen. Das braucht etwas Zeit, lohnt sich aber allemal. Wir gehen dabei folgendermaßen vor:

Tag eins, morgens

Füllen Sie Gefäß 1 mit dem Schmutzwasser, bedecken Sie es und warten Sie zwei Tage.

Tag zwei, morgens

Füllen Sie Gefäß 2 mit dem Schmutzwasser, bedecken Sie es und warten Sie zwei Tage (während sich im Gefäß 1 die Schmutzpartikel bereits absetzen).

Tag drei, morgens

Füllen Sie das nun klare Wasser aus Gefäß 1 vorsichtig in das leere Gefäß 3. Das Wasser in Gefäß 3 ist nun *bedingt* trinkbar. Das schlammige Wasser auf dem Grund in Gefäß 1 kann ausgeschüttet, das Gefäß gereinigt und neu mit Wasser gefüllt werden.

Tag vier, morgens

Füllen Sie das nun klare Wasser aus Gefäß 2 ins Gefäß 3.

... und so geht es immer weiter!

Dieses so gewonnene Wasser sollte natürlich gekocht, chemisch aufbereitet oder der SODIS Prozedur unterworfen werden.

Hier eine andere Methode verschlammtes, schmutziges Wasser grob zu filtern:

Das Prinzip ist, dass Wasser über ein Filtermaterial selbstständig von einem Behälter in den nächsten, etwas tiefer gelegenen, sickert. Wir nehmen einen Behälter, füllen ihn mit dem verschmutzen Wasser. Gleich daneben, aber etwas tiefer, stellen wir den leeren zweiten Behälter. Die beiden verbinden wir mit einem zu einem Schlauch gedrehten Papier einer Küchenrolle. Der Prozess dauert etwas länger, das Resultat aber ist recht zufriedenstellend. Nach einem Tag wechselt Wasser von einem Gefäß ins nächste, wobei sämtliche Schmutzpartikel herausgefiltert wurden. Auch hier gilt, dass das so gewonnene, dem Anschein nach helle Wasser noch behandelt werden muss, denn klares Wasser ist nicht gleich trinkbares Wasser.

Phase 1

Phase 2

Kochen

Durch das Abkochen werden fast alle Mikroorganismen abgetötet. Dazu sollte das Wasser mindestens drei Minuten sprudelnd kochen, in höheren Lagen etwas länger, da das Wasser bei niedrigerem Luftdruck einen niedrigeren Siedepunkt hat, als Richtwert gilt: eine Minute länger pro 150 Höhenmeter.

Mit Schwermetallen verseuchtes Wasser in Guyana.

Fallschirmjäger der Legion (2. Kompanie des 2e REP) mit selbst entworfenem Duschsystem im Tschad 2007.

Desinfektion

- Durch das Einwirken harter UV-Strahlung (Sodis[88]).
- Durch die Zugabe von Chlor, Silber und Jod[89].
  Wasserfilter und Filtersysteme gibt es in jedem Camping-Outdoor/Survival Laden.

SODIS

Eine Methode Wasser aufzubereiten ist SODIS.
Oft wiederholt, komme auch ich nicht darum herum, diese Prozedur

88 Solar Water Disinfection

89 Chlor und Jod haben eine oxidierende Wirkung und zerstören die Zellstrukturen von Mikroorganismen. Um das Wasser länger keimfrei zu halten, greift man auf Silber zurück. Chlor in Verbindung mit Silber ist am weitesten verbreitet (z.B. in Micropur Forte). Jod ist die Kurzzeit-Lösung, da es durchaus zu einer Schilddrüsenüberfunktion kommen kann. In einigen Ländern der Dritten Welt ist man davon überzeugt, dass der Saft der Zitrone zumindest die Mikroben der Cholera tötet. Im Zusammenspiel mit SODIS klingt das höchst interessant.

wieder anzupreisen. Man nehme eine PET[90] Flasche, fülle sie mit unbrauchbarem Wasser – und schon hat man das Allheilmittel gegen alle Übel? Es scheint so, auch wenn nicht alle davon überzeugt sind. Die Anwendung im *Kollektivrahmen*, und dies in Ländern, in denen das Wasser Quelle und Ursprung diverser Krankheiten darstellt, ist noch problematisch, weil man schlichtweg abgeneigt ist, zu glauben, dass die Sonne *Wasser heilen* kann, um es mit einfachen Worten auszudrücken. Falscher Zauber, zu einfach! Zu kompliziert auch, weil man, um den Trinkwasserbedarf zu decken, sehr viele von diesen Flaschen in die Sonne legen müsste. Es ist inzwischen jedoch längst bewiesen, dass UV-Licht Keime jeglicher Art sowie auch die Durchfallerreger tötet. Attraktiv wird die Methode im militärischen Bereich, dann nämlich, wenn Spezialkräfte in feindliches Gebiet vordringen und sie nur so viel Gepäck mit sich führen können, wie in den Rucksack passt. Doch auch in Krisenzeiten, in denen wir einfach nicht wissen, ob das Wasser, das uns zur Verfügung steht, voll mit Keimen ist, wird SODIS interessant.

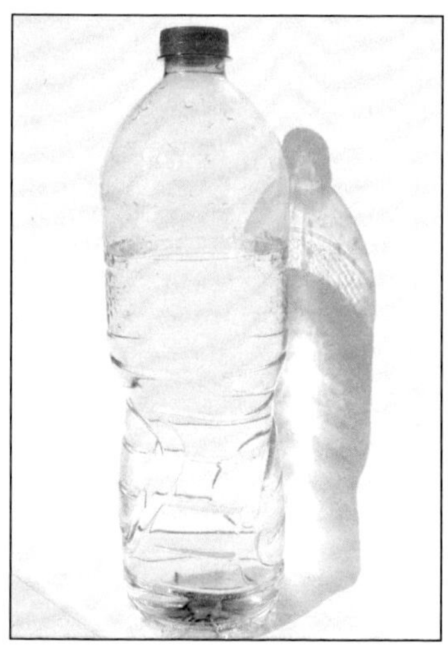

SODIS

Und so geht's:

1. Die Flasche gut von innen säubern.
2. Sie mit Wasser füllen und den Schraubverschluss gut schließen.
3. Die Flasche fünf bis sechs Stunden in die Sonne legen.
4. Das Wasser kann nun getrunken werden.

---

90 Polyethylenterephthalat – Polyester

Worauf muss dabei geachtet werden?

- Die Flaschen *MÜSSEN* transparent sein.
- Das Wasser *SOLLTE* klar sein.
- Man nehme *VORZUGSWEISE* 1,5-Liter-Flaschen, keine jedoch mit einem Volumen, das drei Liter übersteigt.
- Der Himmel darf *NICHT MEHR* als zur Hälfte mit Wolken bedeckt sein.[91]
- Um den Prozess zu *BESCHLEUNIGEN*, machen Sie die Flaschen zunächst nur zu drei Vierteln voll, schütteln Sie diese kräftig und füllen Sie sie dann ganz auf. Während des Prozesses sollten die Flaschen des Öfteren geschüttelt werden.

Das durch SODIS gewonnene Wasser sollte innerhalb weniger Tage aufgebraucht werden.

Und Wasser aus dem Supermarkt zu Normalzeiten?

Achten Sie beim täglichen Wasserkauf im Supermarkt darauf, dass das Wasser einen PH-Wert zwischen 6,5 und 9,5 aufweist! Liegt der Wert darunter oder darüber, kann das Wasser schädigend auf unseren Körper wirken.

Dunstwasser von Pflanzen

Bäume spielen in unserem ökologischen Kreislauf eine wichtige Rolle. Um dieser Rolle jedoch gerecht zu werden, benötigen sie Wasser: viel Wasser! Dieses wird von den Wurzeln angesogen und dann bis ins am weitesten entfernte Blatt transportiert, wo es nach getaner Arbeit verdunstet. So zum Beispiel können Birken bis zu 100 Liter Wasser am Tag über Dunst abgeben, je nachdem, wie die vorherrschende Außentemperatur ist. Was die Sache für uns interessant macht, ist aber nicht nur diese Quantität, sondern vor allem auch die Qualität des so ausgeschiedenen

---

91 Bei bedecktem Himmel sollten die Flaschen für 48 Stunden den UV-Strahlen ausgesetzt bleiben.

Wassers: Es ist nämlich ohne Wenn und Aber trinkbar! Nichts liegt also näher, als prioritär auf diese Möglichkeit der Wassergewinnung zurückzugreifen. Die beste Methode ist folgende. Stülpen Sie, am besten an mehreren Stellen gleichzeitig, transparente Plastiksäcke über die Äste und Blätter der Bäume und binden Sie diese zu.

Wasserdunst sammelt sich im Plastiksack.

Je weniger das Blattwerk die Innenseiten der Säcke berührt, desto besser. Der Dunst steigt hoch, benetzt die Innenseiten der Plastiksäcke, sammelt sich und tropft in den Sack zurück. Es versteht sich von selbst, dass diese Methode Zeit in Anspruch nimmt. Wenn man sich also in einer Situation befindet, in der man sich von A nach B rasch durchschlägt, sollte man deshalb davon Abstand nehmen. Wichtig zu wissen ist auch, dass es in relativen Trockenzeiten, dann nämlich, wenn der Baum seine Poren schließt und der Wassergehalt im Holz spürbar abgenommen hat, viel weniger Dunstwasser gibt.

Brunnen

Ich erzähle nicht gerne von Dingen, von denen ich wenig Ahnung habe. Der Brunnenbau in Europa ist so ein Thema! Hier einen Brunnen zu bauen ist Sache eines Spezialisten. In der Savanne der Zentralafrikanischen Republik half ich einmal beim Brunnenbau, und davon erzähle ich. Wir brauchten keine Erlaubnis, hatten keine Bagger, keinen Bohrer und erst recht keine Brunnen- oder Schachtrohre. Wir riskierten auch nicht, auf irgendwelche Gas- oder Stromleitungen zu stoßen. Dafür aber besaßen wir die Kraft unserer Herzen und unserer Arme, und siehe da:

Brunnen

Nur die ersten zwei Meter ab dem Bodenniveau verstärkten wir mit Ziegelsteinen, da der Boden stabil genug war. Sollten Sie die Absicht haben, einen Brunnen zu bauen, dann lassen Sie sich von Fachleuten beraten. Wie auf den nachfolgenden Bildern gezeigt, kann eine Saugpumpe dazu verwendet werden, das Wasser aus dem Brunnen zu saugen und es hoch ins Wasserreservoir auf dem Dach des Gebäudes zu transportieren, wo es, mit Chlor aufbereitet, in die Verteilung (Leitungen zu Dusche, WC etc.) kommt.

Solex-Pumpe

Wasserreservoir

Brunnen mit einfachen Mitteln

1. Graben Sie ein trichterförmiges Loch (wie auf der Zeichnung) in den Boden, bis Sie auf Sickerwasser stoßen.
2. In dieses Loch versenken Sie ein Brunnen- oder Schachtrohr oder ein Fass, dessen Boden offen ist.
3. Füllen Sie mindestens 45 Zentimeter Sand und feinen Kies in das Fass.

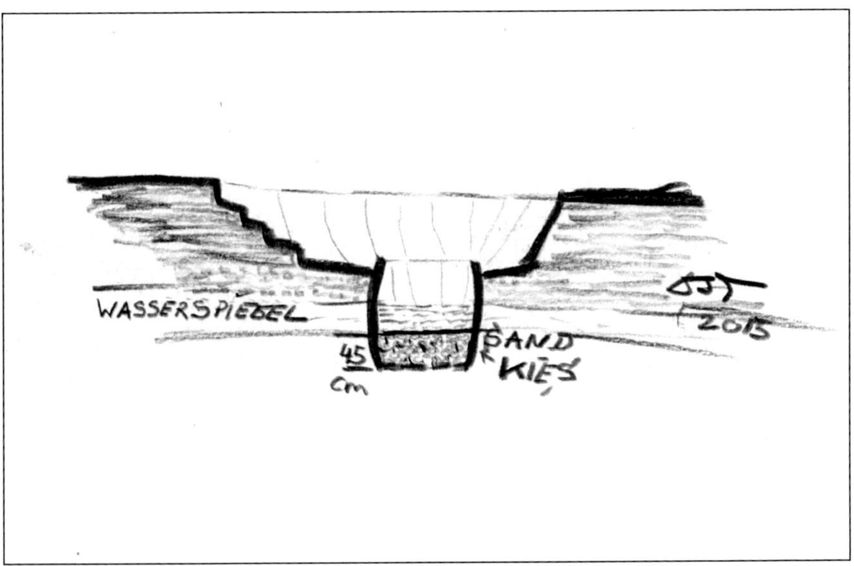

Einfacher Brunnen

Schon mal etwas von Moringa[92] *gehört?*

Es gibt diese Pflanze als Baum und Busch unter anderem in Indien, Äthiopien, Somalia und in Kenia. Die Samenkörner werden geschält, drei Tage getrocknet und dann zu Pulver verrieben. Mit dem Pulver von fünf Körnern können 20 Liter Wasser gereinigt werden. Die beste Methode ist die, das Pulver mit etwas Flüssigkeit zu einem

92 *Auch Meerrettichbaum! Auf den Philippinen nennt man ihn Malunggay.*

Brei zu vermischen und diesen dann in das Gefäß des zu reinigenden Wassers zu geben: gut und vor allem lange verrühren! Lange heißt in diesem Fall mindestens 15 bis 20 Minuten. Die aktive Substanz bindet fast alle Bakterien und Schwebstoffe, die dann auf den Boden des Gefäßes sinken. Das Pulver des Moringa wirkt aber auch direkt antibakteriell.

Trinkwasser dürfte in einer nicht allzu fernen Zukunft teurer sein als Öl oder Benzin. In einigen Ländern unserer Erde ist dies bereits der Fall, so erinnere ich mich an das erste Mal, als ich in Riad (Saudi-Arabien) unser Dienstfahrzeug auftankte. Der volle Tank, etwa 65 Liter, kostete, wenn ich mich gut erinnere, etwa 16 US-Dollar. Dafür hätte ich kaum zehn Liter Trinkwasser bekommen.

Der Autor in der Wüste Jemens.
Die Wüste gewinnt Land.

DEN GEWALTEN DER NATUR ZUM TROTZ

8

Wenn die Wolken getürmt den Himmel schwärzen, Wenn dumpftosend der Donner hallt,
Da, da fühlen sich alle Herzen
In des furchtbaren Schicksals Gewalt.

Johann Christoph Friedrich von Schiller (1759 - 1805)
Deutscher Dichter und Dramatiker

26

Verhalten bei Unwettern – Stürme, Sturmtiefs und Hurrikans

Unwetter

Zwischenspiel

Bereits auf der ersten Seite sprach ich von Haiti. Haiti oder auch Ayiti, seit 1804 unabhängig von Frankreich und somit die erste unabhängige Republik von Schwarzen und Mulatten, scheint einen Pakt mit dem Teufel geschlossen zu haben. Allein in der kurzen Zeit von 4 Monaten, die ich dort verbrachte, wurde die Insel von zwei zerstörerischen Tropenstürmen (Fay und Hanna) und von zwei Hurrikans (Gustav und Ike) heimgesucht.

Ike war ein Killer. Er fegte mit 230 km/h heran, wütete, tobte und zerstörte, und als es nichts mehr zu zerstören gab, zog er seine Blutspur weiter Richtung Kuba, Florida, Mississippi und Louisiana. Ike tötete insgesamt 177 Menschen. Haiti, bereits durch den Hurrikan Hanna sowie durch die Tropenstürme Fay und Gustav schwer angeschlagen, lag in Trümmern. Es gab keinen Strom mehr, kaum Trinkwasser, wenig Treibstoff und kein einziges Kommunikationssystem, das diesen Namen noch verdiente.

Ein Arzt berichtete mir davon, dass er in der Cité Soleil, dem Armenviertel in Port-au-Prince, nachts, während der Hurrikan noch tobte, mit dem Licht seines Handys Entbindungen durchgeführt hatte.

Meine Wachleute litten; es gab kaum einen, der nicht von Ike betroffen war. Die Idee, einen Hilfsfonds einzurichten, drängte sich mir sofort auf. Ich erinnere mich, dass ich damals, einem Impuls folgend, einfach zum Hörer gegriffen und die Nummer des Chefs meiner Firma mit Sitz in London gewählt habe. Zehn Minuten, nachdem er sich meine Beschreibungen geduldig angehört hatte, gab er die Anweisung für die Überweisung eines fünfstelligen Dollar-Betrages, damit jedem Betroffenen schnell und ohne administrativen Krimskrams geholfen werden konnte. Ich bin stolz darauf, diesen Schritt gewagt zu haben.

Von seiner geographischen Lage her war Deutschland bisher relativ geschützt vor den großen Stürmen. Doch das hat sich im Laufe der letzten drei Jahrzehnte drastisch geändert. Hurrikans[93] gibt es nicht, Tornados und Sturmtiefs aber sehr wohl. Und sie häufen sich, fügen unserem Land oft riesige Schäden zu. Doch werfen wir einen Blick auf die Chronik der schlimmsten Stürme, Flutwellen und Orkane, die es in Deutschland seit 1962 gegeben hat. Die folgende Tabelle listet die Menschenopfer auf, nicht jedoch die enormen Sachschäden, die dabei entstanden sind.

Februar 1962 - Sturmflut - 318 Tote
Oktober 1967 - Skane - Mehrere Tote
Juli 1968 - Tornado über Pforzheim (F4[94]) - 2 Tote
November 1972 - Quimburga - 4 Tote
Januar 1976 - Capella - 27 Tote
Mai 1979 - Tornado Brandenburg (F4)
April 1990 - Daria, Herta, Judith, Nana, Ottilie, Polly, Vivian und Wiebke - 64 Tote
Dezember 1999 - Anatol - Mehrere Tote
Dezember 1999 - Lothar und Martin - Mehrere Tote
Juli 2001 - Willy - Mehrere Tote
Februar 2002 - Anna - 3 Tote
Oktober 2002 - Jeanette - Mehrere Tote
Februar 2005 - Ulf - 4 Tote
Dezember 2005 - Dorian - Mehrere Tote
Januar 2007 - Kyrill - 11 Tote
Januar 2008 - Paula
Februar/März - 2008 - Emma - 6 Tote
März 2008 - Kirsten - 3 Tote

93 Hurrikans brauen sich über den Meeren zusammen und benötigen eine Wassertemperatur von mindestens 27 Grad. Solche Temperaturen gibt es im Nordatlantik, nicht jedoch in Nord- oder Ostsee. Für die Zukunft wird mit einer Zunahme der Zahl der Hurrikans im Raum USA gerechnet und es ist durchaus denkbar, dass ihre Restenergien Europa in Form von Schlechtwetterfronten immer häufiger erreichen. Erst Im Oktober 2014 kämpfte Deutschland mit den Ausläufern des Hurrikans „Gonzalo". Der Ex-Hurrikan zog als Sturmtief quer über Deutschland, im Gepäck hatte er schwere Gewitter, Graupel, Hagel und starken Regen. Diese Phänomene nehmen ständig zu.

94 Ein F4 Tornado zeichnet sich durch Windgeschwindigkeiten von 333 bis zu 418 km/h aus. Sogar Mähdrescher können durch die Luft gewirbelt werden, wie es beim Tornado von Brandenburg 1979 der Fall war.

Februar 2010 – Xynthia – 1 Toter
Dezember 2013 – Xaver – 1 Toter
Juni 2014 – Ela – 6 Tote
Oktober 2014 – Gonzalo
März 2015 – Niklas – 11 Tote europaweit
Mai 2015 – Zoran – 1 Toter

... und sie häufen sich, fügen unserem Land oft riesige Schäden zu.

Besonders in der Schweiz hat der „Orkan Lothar“ (Spitzengeschwindigkeiten von bis zu 215 km/h) sämtliche Stürme dieses Jahrhunderts bei Weitem übertroffen. In seinem Kielwasser hatte er „Martin“. Beide zogen eine breite Schneise der Verwüstung. Etwa 110 Menschen fielen ihnen europaweit zum Opfer.

Was uns diese Tabelle sagen will?

Dass wir exponiert sind!

Stünde die Bundeswehr der Bevölkerung im Katastrophenfall zur Seite?

Grundsätzlich ja, aber auch hier gibt es Grenzen des Machbaren. Von der ursprünglichen Truppenstärke von etwa 338.000 Mann (Stand 1997) reduzierte die Bundeswehr ihr Personal auf etwa 179.000 aktive Soldaten und Soldatinnen. Der Einsatz der Bundeswehr bei schweren Katastrophen und Unglücken ist laut Grundgesetz vorgesehen. Aber nehmen wir zum Beispiel die Hochwasserkatastrophe vom August 2002. Damals waren etwa 40.000 Soldaten und Soldatinnen im Einsatz oder in Bereitschaft. Weitere 10.000 befanden sich im Ausland auf Friedensmissionen, und schon wären wir bei 50.000. Ich erlaube mir mal eine grobe Schätzung. W enn wir alle Soldaten nehmen, Urlauber berücksichtigen, Krankmeldungen, in Krankenhäusern stationierte, unabkömmliche Lehrgangsteilnehmer, Schreibstubensoldaten, Soldaten im Auslandseinsatz etc., kommen wir auf weit weniger als 120.000 einsatzbereite Soldaten und Soldatinnen. Ereignet sich nun eine vergleichbare oder eine noch größere Katastrophe als das Hochwasser von 2002, vielleicht an einem Wochenende, wo der Großteil der Truppe auf Wochenendurlaub ist, und haben wir gleichzeitig noch unvorhergesehene Bundeswehreinsätze: Dann wäre sicher ein Limit erkennbar! Mehr als zwei Groß-Katastrophen gleichzeitig könnte die Bundeswehr wohl kaum bewältigen, ohne ihre Einsatzbereitschaft einzubüßen oder ihre internationalen Verpflichtungen zu vernachlässigen.

Was also tun, um uns zu schützen?

Hier die wichtigsten Tipps:

A - Bereits lange vor der Katastrophe:

Überprüfen Sie, welche Unwetterschäden – Regen, Überschwemmung, Hagel, Sturm, Blitz etc. – an Auto und Haus Ihre Versicherung übernimmt. Auch ist es gut, zu wissen, welche Prozeduren angewandt werden müssen, damit Sie nach dem Unwetter sofort Bericht erstatten können. Zumindest erspart Ihnen dies eine Menge Ärger und Zeit. Nicht zuletzt geht es auch um Ihr Geld. Informieren Sie sich, welches Beweismaterial die Versicherung in solchen Fällen akzeptiert. Videos oder doch lieber Fotos? Oder genügen eventuell Ihr Wort und der Hausbesuch eines Agenten der Versicherung?

B - Sobald Sie Kenntnis von einem kommenden Unwetter haben, überprüfen Sie:

1 - Bäume: Stehen sie zu nahe am Haus? Sie zu fällen ist hier oft die einzig richtige Lösung.

2 - Dach: Inspizieren Sie es im Hinblick auf lose Dachziegel, lose Dachrinnen etc. Stellen Sie dabei auch sicher, dass die Dachrinnen frei sind und nicht sofort überlaufen können.

3 - Hof und Garten: Räumen Sie alle beweglichen Teile weg. Dazu gehören:

- Grill
- Kinderspielzeug
- Gartengeräte
- Loser Kies, Steine
- Gartenlampen, Gartenmöbel, Fahrräder, Skateboards etc.
- Alles, was sich in ein fliegendes „Geschoss“ verwandeln kann – holen Sie die Blumentöpfe rein und fahren Sie Marquisen ein.

In Tieflagen wie Senken oder in Flussnähe

- Gibt es außen Treppen, die in den Keller hinunterführen? Wenn ja, sorgen Sie dafür, dass dort kein Wasser eindringen kann. Sandsäcke eignen sich dazu am besten.
- Schalten Sie Strom und Gas in Garage und Keller ab.
- Überprüfen Sie, ob alle Kanister, die brennbare Flüssigkeiten beinhalten, geschlossen sind.
- Lagern Sie keine brennbaren Stoffe in Keller oder Garage.
- Sind Gullys in der Nähe? Falls ja, versichern Sie sich, dass diese frei und nicht verstopft sind.

Schließen Sie sämtliche Türen, Fenster und Fensterläden und stellen Sie sicher, dass folgende Dinge parat liegen:

- Ein netzunabhängiges UKW-Radio mit genügend Batterien,
- Taschenlampen, Teelichter und Kerzen,
- Flucht-Notgepäck – für den Fall, dass das Haus oder Wohnung verlassen werden muss – (Die wichtigsten Dokumente müssen mit!),
- Wasser und Nahrung für 72 Stunden[95].

95 Da unsere Stromversorgung eine besonders kritische Infrastruktur darstellt, kann es durchaus sein, dass der Sturm oder die Überschwemmung einen überregionalen, länger dauernden Stromausfall auslöst. Die Folgen wären nicht überschaubar. Die Gewissheit, sich einige Zeit lang selbst versorgen zu können, nimmt jedem von uns eine Zentnerlast von den Schultern, vor allem auch dann, wenn alte Menschen und Kinder mit im selben Haushalt leben.

Das Flucht-Notgepäck

Dieses benötigen wir für den Fall, dass man trotz guter Vorbereitung gezwungen ist, das Haus zu verlassen, z.B. bei einem Feuer, bei einer Überschwemmung oder auf Anordnung der Behörden.

Es sollte beinhalten:

- Schlafsäcke, Decken, die notwendigsten Kleidungsstücke, Wechselwäsche, Unterwäsche und warme Kleidung.
- Hygieneartikel und Toilettenpapier.
- Alle wichtigen Dokumente wie Ausweise, Impfbücher, Führerscheine, Fahrzeugbriefe, Testament, Besitzurkunden. Die Hausschlüssel nicht vergessen!
- Bargeld und Kreditkarten.
- Wasser und Nahrung für 72 Stunden (Das Wasser sollte in mehreren Flaschen untergebracht werden und diese sind nicht alle im selben Rucksack! Flaschen aus Metall eignen sich bestens!). Gaskocher, etwas Besteck und Geschirr.
- Schreibzeug, Messer, Taschenlampe, Plastiksäcke und Feuerzeug.
- Laptops, Handys plus Ladegeräte.
- Ein umfangreiches Erste-Hilfe-Set und darüber hinaus eventuell einzunehmende Medikamente und Mittel zur Wasseraufbereitung.
- Sehhilfen: Ersatzbrille, Kontaktlinsen.
- Persönliche Sachen, die das Leben angenehmer machen: Bücher, Spiele, einige Fotos von denen, die uns lieb und teuer sind!

Verteilen Sie das Gepäck so, dass es in mehrere Rucksäcke oder Taschen passt, markieren Sie es.

1. Set 1 für eine Flucht mit Kfz (*es kann gerne voluminöser ausfallen*).
2. Set 2 für eine Flucht zu Fuß (*es muss getragen werden*).

In diesem Sinne sollten Sie das Gepäck auch zusammenstellen. Bei einer Evakuierung ist es nicht sicher, ob das Auto oder die öffentlichen Transportmittel verwendet werden können. Man sollte sich also psychologisch darauf einstellen, die Strecke zwischen der eigenen Wohnung und den vorgegebenen Sammelpunkten oder hin zum Ausweich-Domizil zu Fuß bewältigen zu müssen. Aber ob zu Fuß oder per Kfz, jedes Familienmitglied benötigt unbedingt seinen eigenen Rucksack, in dem die notwendigsten Dinge untergebracht sind!

C – Während der Katastrophe

- Bleiben Sie den Fenstern und Türen fern.
- Suchen Sie eventuell die Kellerräume auf.
- Halten Sie sich auf dem Laufenden und verfolgen Sie den Wetterbericht.
- Bleiben Sie so lange im Haus, bis es Entwarnung gibt oder bis die Situation sich so weit gebessert hat, dass keine Gefahr mehr besteht.

D – Wenn alles vorüber ist

- Versichern Sie sich zunächst, ob alle wohlauf sind, denken Sie dabei an alle, die Ihrem *Inneren Kreis* angehören.
- Helfen Sie denen, die Ihre Hilfe brauchen.
- Leisten Sie Erste Hilfe.

Wenn Sie sehen, dass Menschen um Sie herum überfordert sind, bieten Sie sofort Hilfe und Unterstützung an und: Helfen Sie, ungeachtet der Zeit und des Aufwandes!

Das Materielle ist im Augenblick erst einmal unwichtig! Inspizieren Sie jedoch – *NACHDEM SIE GEHOLFEN HABEN* – alle Schäden an Anlagen, Haus, Garten, Garage, Auto etc. Machen Sie Fotos, dokumentieren Sie alles und setzen Sie Ihren Versicherungsträger über die Schäden in

Kenntnis. Ein Vergleich *„vorher – nachher"* via Fotos oder Video wäre als Nachweis sicher ideal.

- Nehmen Sie elektrische Geräte erst in Betrieb, wenn Sie absolut sicher sind, dass diese nicht mit Feuchtigkeit in Berührung gekommen sind.
- Ist das Gebäude beschädigt, verlassen Sie es. Betreten Sie es erst wieder, wenn sachverständige ihr grünes Licht dafür geben. Diese werden Ihnen auch sagen können, ob Gefahr von herunterfallenden Dachziegeln[96] besteht.

Überraschend auftretende Unwetter wie starke Gewitter, Hagel, Blitze und Eisregen

- Im Auto sind Sie vor Blitz und Eisregen so gut wie sicher, nicht aber vor einem Tornado. Weichen Sie ihm aus, wenn es geht.
- Halten Sie sich von Überlandleitungen fern.
- Meiden Sie einzeln stehende Masten, Antennen und hohe Bäume.
- Werden Sie auf freiem Feld von einem Gewitter mit Blitzschlag überrascht, machen Sie sich klein. Gehen Sie in die Hocke und rollen Sie sich zusammen wie ein Igel, die nebeneinander stehenden Beine bleiben geschlossen.

Ausfall der Kommunikations-Netzwerke / totaler Blackout

2005, New Orleans.

Nachdem der schlimme Hurrikan Katrina die Stadt verwüstet hatte[97], dauerte es einige Tage, bis die Nationalgarde eintraf. Der Strom blieb tagelang aus. Bürgerwehren erschossen Passanten, die sich in wohlhabenden Vierteln in Sicherheit bringen wollten. Die Polizei, mit der Katastrophenhilfe total überfordert, konnte ihrer eigentlichen Aufgabe kaum noch

---

96 Der Sturzbereich und somit die Gefahrenzone beträgt in der Regel ein Drittel der Distanz (Höhe), die den Boden von der Regenrinne trennt.

97 Schreckliche Bilanz: 1.836 Tote.

nachkommen. Leere Wohnhäuser, Supermärkte und Geschäfte wurden zum leichten Ziel von Plünderern.

Käme es bei uns in Europa zu einem regionalen Stromausfall, würde es auch bald eng mit dem Wasser werden und schon nach einigen Tagen gäbe es sehr viele Menschen, die für Wasser töten würden. Wenn es in Ihrer Region zu einer Serie von Stromausfällen kommt: Kaufen Sie sofort so viel Trinkwasser, dass Sie für die nächsten Wochen ausgesorgt haben!

Verwüstungen des Hurrikans Katrina – Ende August 2005.
(Shutterstock, ©Marc Pagani Photography)

Zwischenspiel

So weit, so gut. Wir sind den Unruhen, den Stürmen und den Terroristen bislang erfolgreich entkommen; und wissen Sie, warum? Weil wir vorbereitet waren und etwas Glück hatten. Hauptsächlich aber sind wir heil geblieben, weil wir die Werte, die uns ausmachen, immer auf höchstem Niveau gehalten haben.

Welche Werte?

Alles, was wir anfassen, tun wir mit Ernst, mit Liebe und mit Eifer, egal ob es darum geht, die Toilette zu putzen, einen Druckverband anzulegen, für unseren Sohn einen Drachen zu basteln, für den Nachbarn den Karren aus dem Dreck zu ziehen oder uns auf Katastrophen vorzubereiten. Denn wir wissen, wer bei kleinen Dingen nachlässig ist, nimmt auch die großen Rendezvous im Leben nicht ernst oder: „Wer den kleinen Rasen fegt wie ein Amateur, ist auch bei großen Bankgeschäften kein Profi!" Ich möchte an dieser Stelle einige Zeilen aus meinem ersten Buch einfügen, die diesen Geist der Perfektion – ich nenne ihn auch den Esprit der Vernunft – am besten widerspiegeln. Im Mai 1997 in Kongo Brazzaville, unmittelbar vor einem Einsatz, sagte unser Regimentskommandeur vor allen Offizieren und Unteroffizieren des Regiments folgenden Satz:

> *Wenn Paris entscheidet, dass wir, das 2ème R.E.P, in den Krieg ziehen, dann sind wir die verdammt besten Soldaten der Welt. Und wenn sie, die in Paris, entscheiden, dass wir sämtliche Scheißhäuser von Paris putzen sollen, dann sind wir die verdammt besten Scheißhaus-Putzer der Welt und danach gibt es keine Stadt auf diesem Planeten mehr, deren Scheißhäuser sauberer sind.*

Das ist fast eine Lebensphilosophie! Was er damit ausdrücken wollte, dürfte, umgemünzt auf uns, klar sein. Es ist unwesentlich, mit welchen Aufgaben man uns konfrontiert, zwischen wichtig oder unwichtig sollen andere entscheiden, wir aber werden immer an unsere Grenzen gehen, um diese Aufgaben *sofort* und vorbildlich zu erfüllen. Allen Aufgaben schenken wir höchste Aufmerksamkeit, denn es gibt keine niederen oder *unwichtigen* Aufgaben. Was das konkret bedeutet?

- Widmen Sie jeder Arbeit denselben Eifer.
- Gehen Sie alle Arbeiten mit Methode und gut organisiert an.
- Lassen Sie nichts liegen und erledigen Sie alle Arbeiten sofort, aber respektieren Sie dabei die von Ihnen gesetzte Prioritätenfolge.

- Lösen Sie überhaupt alle Probleme immer sofort.
- Lernen Sie, Aufgaben zu übertragen, zu delegieren.
- Tappen Sie nicht in folgende Falle: „Diese Post oder Mail muss ich nicht beantworten, weil der Absender mir und meiner Karriere nicht förderlich oder nicht von großer Wichtigkeit ist!“

Auch wenn wir alle Aufgaben nach Prioritäten angehen, wird niemand vergessen, selbst die „kleinen Fische“ nicht. Machen Sie deshalb das Motto „Sei nett zu Leuten, die du auf dem Weg nach oben triffst. Du wirst sie auf dem Weg nach unten wiedersehen“ zu Ihrem eigenen und antworten Sie umgehend!

Konzentrieren Sie sich stets volles Programm auf *die eine Aufgabe* – und wenn es nur das Bestellen von Toilettenpapier ist!

NUKLEARE KATASTROPHEN UND ERDBEBEN

9

Vieles scheint unmöglich,
bis es jemand macht
oder es ganz einfach passiert.

Thomas Gast

27

Wenn aus „Unmöglich" Realität wird!

Viele Menschen machen es sich einfach und behaupten, Katastrophen dieser Art sind bei uns unmöglich, Punkt!

UNMÖGLICH?

- Im April 1912 sank die Titanic: Sie galt als unsinkbar. Dass sie sinken könnte, hielt die ganze Welt vor diesem Datum für **unmöglich**.
- In den dreißiger Jahren glaubten die Forscher weltweit, dass die heute üblichen Reisefluggeschwindigkeiten von 800 bis 900 Stundenkilometern **unmöglich** seien.
- Am 10. Mai 1940 landeten deutsche Fallschirmjäger mit Lastenseglern unweit der Festung Eben-Emael. Sie nahmen das Fort im Handstreich. Eben-Emael galt bis dahin als uneinnehmbar. Dass das Bollwerk fallen würde, schien damals **unmöglich**.
- Am 07. Dezember 1941 griffen Japaner die Pazifik-Flotte der USA im amerikanischen Stützpunkt Pearl Harbor an. Einen Angriff durch Flugzeuge hielten amerikanische Strategen und Militärs damals für absolut **unmöglich**.
- Manhattan / New York. Am 11. September 2001 steuerte eine kleine, von Al Qaida gesandte Gruppe zwei Flugzeuge in das World Trade Center, ein anderes stürzte ins Pentagon. Keiner hätte das je für möglich gehalten. **Unmöglich** ... behauptete man!

- Am 11. März 2011 ereignete sich vor der Nordostküste Japans ein Seebeben der Stärke 9,0. Dadurch ausgelöste Tsunamis sorgten für Sicherheitsdefizite im japanischen Atomkraftwerk Fukushima Daiichi. Es kam zur Kernschmelze, zum Super-GAU. Experten hielten das vor dem 11. März einstimmig für **unmöglich**.
- Deutsche Atom-Experten und Politiker sagen nun: **„Was in Fukushima geschah, wäre in Deutschland unmöglich!"**

Weltweit stehen zahllose Atomkraftwerke nahe am Meer oder an erdbeben-gefährdeten Standorten und bewiesenermaßen sind viele von ihnen sehr viel schlechter gegen Erdbeben geschützt, als *Fukushima Daiichi* es war. Bereits bei schwächeren Erdbeben könnte es zu Atomkatastrophen kommen, selbst in Europa. Auch Deutschland besitzt erdbebengefährdete Gebiete, und auf denen stehen gleich vier Atomkraftwerke.

Dem deutschen Atomforum e.V. nach sind alle AKW-Anlagen in Deutschland so ausgelegt, dass sie dem 100.000-jährlichen Erdbeben und dem 10.000-jährlichen Hochwasser standhalten. Jetzt stellt sich nur die Frage, seit wann die 100.000-jährlichen Erdbeben und die 10.000-jährlichen Hochwasser denn statistisch erfasst werden? Seit 1.000 Jahren? Seit 1.500 Jahren? Seit der Zeit, in der eine Aufzeichnung per Handschrift begann? Gibt es tatsächlich fundierte wissenschaftliche Beweise dafür, dass es in Deutschland noch keine Erdbeben der Stärke sieben, acht oder neun gegeben hat, dass keine Hochwasser herrschten, die heute schier unmöglich scheinen?

> *Die Stadt Basel wurde anno 1356 von einem verheerenden Beben der Stärke 6,7 bis 7,1 heimgesucht. Dabei stürzten nicht nur Gebäude einfacher Bauart ein, auch starke Festungsbauten, Türme und Kirchen hielten den starken Erdstößen nicht stand. Es gab hunderte von Todesopfern.*

Das Basler Beben[98] war das stärkste je gemessene Erdbeben nördlich der Alpen und ist der Beweis dafür, dass Erdbeben auch bei uns so heftig sein können, dass Gebäude wie Kartenhäuser einfach in sich zusammenfallen. Fachleute sind sich darin einig, dass ein Erdbeben derselben

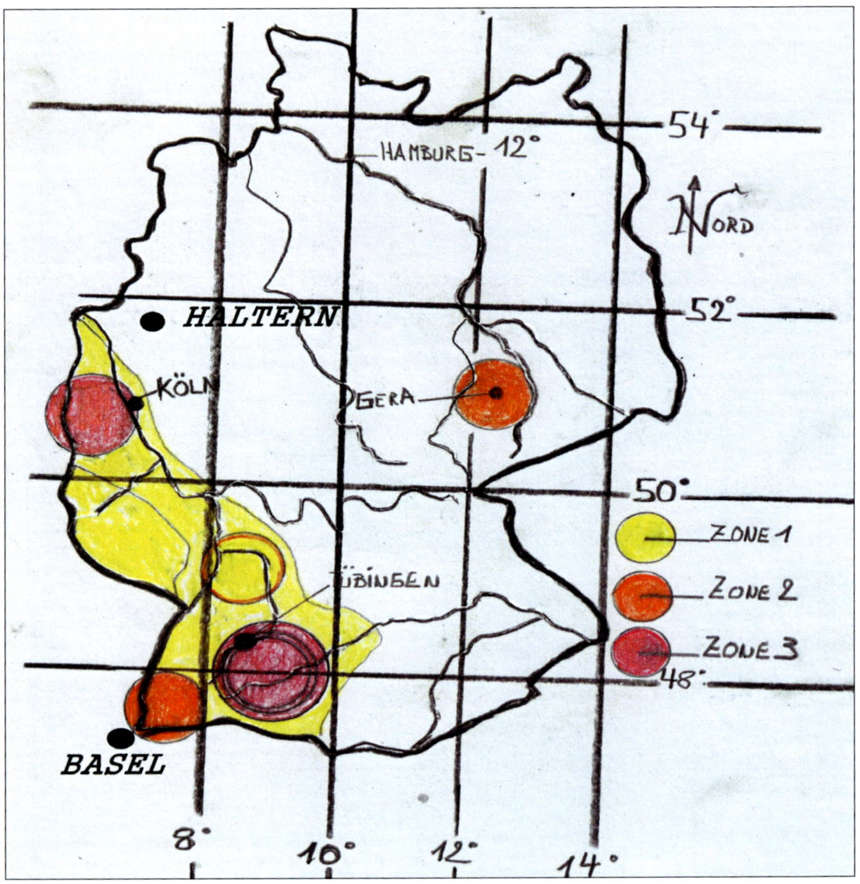

Erdbebenkarte Deutschland

98 Das Beben wurde der *Modifizierten Mercalliskala* nach als ein vernichtendes Erdbeben 10 eingestuft. Die Stufen gehen von 1 (leichtes, kaum wahrzunehmendes Beben) bis 12 (totale Zerstörung). Bei der Stufe 10 werden selbst gut ausgeführte Holz-Rahmenkonstruktionen sowie die meisten gemauerten Objekte und Tragwerkskonstruktionen samt ihrer Fundamente zerstört. Bahnschienen werden verbogen, einige Brücken werden zerstört. Es gibt starke Schäden an Dämmen, große Erdrutsche, das Wasser in Seen, Flüssen und Kanälen tritt über die Ufer, weit verbreitet sind Risse im Erdboden.

Intensität heute zu einer kaum vorstellbaren Katastrophe führen würde und dass, würde ein solches Beben stattfinden, es mitunter zu einer akuten Strahlengefahr aus umliegenden Atomkraftwerken kommen könnte.

Im November 2014 erschütterte ein Erdbeben der Stärke von mehr als 3,4 das nördliche Ruhrgebiet[99]. Das Epizentrum lag bei dem Ort Haltern. Der Statistik nach war es somit das zweitstärkste Beben in jenem Jahr. Die Ursache? Experten gehen davon aus, dass der Steinkohle-Abbau in 1.300 Metern Tiefe daran schuld war.

Bleiben wir doch mal in der Gegend. Aktive Atomkraftwerke gibt es in Nordrhein-Westfalen keine mehr, dafür aber befinden sich dort zwei aktive Atom-Standorte: das Zwischenlager in Ahaus und die Urananreicherungsanlage in Gronau. Etwas weiter steht das französische Kernkraftwerk Cattenom. Es ist zwölf Kilometer von der Grenze zum Saarland und nur rund 150 Kilometer Luftlinie von Aachen entfernt. Der Atommeiler Chooz befindet sich im französischen Teil der Ardennen und liegt etwa 120 Kilometer entfernt von Aachen. Die belgische *Kernkraftanlage Tihange,* in der es schon des Öfteren gravierende Vorfälle gegeben hat, ist nur knapp 65 Kilometer von Aachen entfernt und der *Atommeiler Doel* steht 25 Kilometer nördlich von Antwerpen. In beiden Anlagen, Tihange und Doel, hat man vor langer Zeit schon „Anzeichen für Risse“ festgestellt. In der Regel sind Atomkraftwerke gegen Einwirkungen von außen wie Erdbeben, Hochwasser, Flugzeugabsturz etc. geschützt, aber die unbekannten – **unmöglichen** – Faktoren bleiben. Und uns bleibt das gefährlich nahe AKW Fessenheim. Doch Fessenheim ist nicht nur nahe an der deutschen Grenze, sondern zu allem Übel befindet sich das Lagerbecken für die abgebrannten Brennelemente auch noch außerhalb des Reaktorgebäudes. Die Brennelemente sind damit gegen Außeneinflüsse wie eine terroristische Attacke oder den Absturz einer Passagierflugmaschine nur recht ungenügend geschützt.

---

99 Das Deutsche Geoforschungszentrum in Potsdam meldete ein Beben mit einer Stärke von 3,5.

GRS-Gutachten und Süddeutsche Zeitung, 30.12.2003

Wie groß die Terrorgefährdung der deutschen Atomkraftwerke ist, belegen interne Dokumente, die der taz seit Juni 2009 vorliegen: „Eine Untersuchung der Internationalen Länderkommission Kerntechnik aus dem Jahr 2002 kommt zu dem Ergebnis, dass nur 3 der damals 19 Atomkraftwerke einem Flugzeugangriff standhalten würden. Bei allen anderen Kernkraftwerken ist bei einem Aufprall auf das Reaktorgebäude mit schweren, bis katastrophalen Freisetzungen radioaktiver Stoffe zu rechnen. Eine Nachrüstung sei technisch und wirtschaftlich nicht machbar.

Zwar würden die Betonhüllen bei den sieben modernen Druckwasserreaktoren, die gegen den Absturz eines Phantom-Kampfjets ausgelegt sind, dem Aufprall einer Passagiermaschine standhalten, ein Gau wie der in Tschernobyl ist aber möglich.

Wenn wir den Fernseher oder regionale Zeitungen konsultieren, sehen oder hören wir kaum davon, dass die Bürger in Sachen Katastrophenschutz aufgeklärt werden. Man könnte meinen, es sei nicht wichtig.

Warum?

Weil alle eine große Katastrophe ausschließen, sie als **unmöglich** abtun!

Was aber sollen wir tun, wenn es den GAU gibt?

Öffentliche, jederzeit zugängliche Schutzräume sind mir, zumindest in meiner Region, nicht bekannt. Gibt es überhaupt welche? Ich kann mir gut vorstellen, dass landes- oder gar bundesweite Übungen durchgeführt werden (am Schreibtisch, nicht aber in der Praxis), aber sollte gegebenenfalls nicht der Bürger mit in diese Übungen einbezogen werden? Sollte es nicht *Zwangsübungen* geben, wie einst? Selbst wenn es sich bei solchen Übungen nur um eine *Sensibilisierung* für dieses unbequeme Thema *nukleare Katastrophe* handelt, bräuchte die Bevölkerung mehr Information, mehr Wissen, mehr Aufklärung. Oder soll sie sich mit einer Statistenrolle auf dem Papier begnügen und warten, bis dann doch irgendwann das Unmögliche geschieht?

AKW

Von 2003 bis 2007 wohnte ich nur sieben Kilometer vom Kernkraftwerk Grafenrheinfeld entfernt. Einmal in all diesen Jahren erhielten wir ein unkommentiertes Faltblatt bezüglich einer „Region", die im Falle eines Problems aufgesucht werden konnte. Ein anderes Mal wurde wie nebenbei erwähnt, dass Jodtabletten[100] *„irgendwo" zentralisiert gelagert seien. Wo? Das wurde nicht erwähnt.*

100 Bei einem AKW-Unfall kann die *rasche* Einnahme von Jodtabletten dazu beitragen, dass die Schilddrüse nicht noch zusätzlich schädliches radioaktives Jod speichert. Denn dieses kann zu schweren gesundheitlichen Schäden führen.

Jodtabletten

Gelagert seien diese Tabletten an folgenden Standorten:

- Neumünster, Schleswig-Holstein
- Cloppenburg, Niedersachsen
- Wunstorf, Niedersachsen
- Würzburg, Bayern
- Roding, Bayern
- Kempten, Bayern
- Eggenstein-Leopoldshafen, Baden-Württemberg

… und da liegen sie gut!

Eine Verteilung sei vorgesehen, ist aber noch nicht erfolgt. Nun verhält es sich aber so, dass die Einnahme bzw. die Verabreichung von hochdosiertem Jod *kurz vor oder gleichzeitig* mit der Inhalation der schädlichen Stoffe erfolgen sollte, weil nur so verhindert werden kann, dass sich das krebserregende Jod 131 in der Schilddrüse anlagert. Wer also im nahen Umkreis eines Atomkraftwerkes lebt, sollte die Tabletten besser zu Hause haben, denn im Ernstfall darf die Wohnung vorerst mal nicht verlassen werden. Das wäre zu gefährlich, die Abholung von Jodtabletten im verstrahlten Gelände möglicherweise lebensgefährlich. Das lässt sich natürlich mit Aussagen wie *diese Tabletten seien irgendwo gelagert* nicht in Einklang bringen.

Selbstversorger kaufen Jodtabletten in Apotheken, diese Produkte aber schützen nicht, denn die Dosis ist viel zu gering.

Als ich von 1979 bis 1984 bei der Bundeswehr meinen Dienst tat, wurden wir im Rahmen der ABC-Ausbildung[101] natürlich auch auf die Gefahren durch Explosionen von Atombomben aufmerksam gemacht und dementsprechend ausgebildet und ausgerüstet. Jede Kaserne hatte

101 Atomar, biologisch und chemisch.

sogar ihre Schutzräume und Dekontaminations-Anlagen.[102] Sehr verwunderlich war es, dass kaum jemand an die Zivilbevölkerung, an unsere Familien gedacht hatte. Aufklärung für sie hatte meines Wissens nur vereinzelt stattgefunden und ihr wurde damals schon nicht die Priorität beigemessen, die ihr hätte zukommen sollen. Bis heute hat sich das kaum erheblich geändert. Oder doch: zum Schlechten! Die Aufklärung existiert fast gar nicht mehr. Was das heißt, ist klar. Wir müssen leider davon ausgehen, dass, sollte es zu einem größeren Vorfall kommen, unsere Politiker, höhere Beamte, ein Großteil der Soldaten sowie viele Reiche, die sich einen Schutzbunker etc. leisten können, geschützt sind, während der normale Bürger wohl das Nachsehen hätte. Weiterhin stünde zu befürchten, dass dieses Thema *Nukleare Katastrophe* unseren Mitmenschen inzwischen so fremd ist, dass, sollten sie irgendwann mal einen Atompilz am Himmel sehen, sie wohl noch auf die Dächer ihrer Häuser klettern würden, nur um besser zu sehen und um bessere Fotos dieses aufregenden Phänomens schießen zu können. Fotos, die nie jemand je zu Gesicht bekommen würde!

Was geschieht, wenn eine Atombombe[103] explodiert?

Effekte der A-Bombenexplosion und deren Anteil an der Gesamtenergie in Prozent:

1. Es kommt zu einer Druckwelle, ähnlich einer normalen Explosion, aber erheblich stärker, etwa 40 % – 60 %. Hier entstehen in bebauten Regionen die größten Schäden. Unter- und Überdruck entwickeln sich und orkanartige Winde fegen über das Land. Selbst stabile Gebäude werden zerstört, Bäume und Menschen einfach umgeblasen.
2. Es gibt thermische (Licht- und Wärme-) Strahlungen, etwa 30 % – 50 %. Die Folgen sind verheerende Brände, Verbrennungen sowie Erblindung.

102 Einrichtungen, die dazu dienen, gefährliche Verunreinigungen (Kontaminationen) von Personen, Objekten oder ungeschützten Flächen zu entfernen.

103 Im Besitz von Atomwaffen befinden sich derzeit mit Sicherheit die USA, Großbritannien, Frankreich, China, Russland, Indien, Pakistan (... und Israel?).

3. Wir erfahren eine direkte Kernstrahlung, 5%. Sie forderte bei den Explosionen in Hiroshima und Nagasaki die meisten Todesopfer. Opfer erkranken an der Strahlenkrankheit und sterben sehr rasch.
4. Die Radioaktivität erreicht uns über Fallout-Partikel, 5 % – 10 %. Ein Gemisch aus verschiedenen radioaktiven Substanzen und Staub rieselt auf die Erde nieder. Der Fallout kann je nach Wetterlage (Windrichtung und Windgeschwindigkeit) sogar noch Regionen erreichen, die hunderte von Kilometern vom Zentrum der Explosion entfernt sind. Auch hier entstehen starke Strahlenschäden, die unter Umständen zum sofortigen Tod führen.
5. Ein elektromagnetischer Impuls (EMP) stellt sich ein. Elektrische oder elektronische Geräte sowie Anlagen mit langen Leitungen (Antennen) und empfindlichen Bauteilen wie Halbleitern und Kondensatoren werden durch den EMP gestört und beschädigt. Dazu gehören u.a. die Stromversorgung, Telefonnetze, Haushaltsgeräte, Radio- und Fernsehsender und Funkgeräte.

Wissenschaftler haben die Zerstörungskraft einer Atombombe in fünf Zonen unterteilt, wobei die Ausdehnung der Zonen natürlich stark von der Explosionsstärke der Bombe abhängig ist.[104]

104 Quelle beider dargestellten Tabellen: www.paedagogik.net

Explosionskraft	10 Kilotonnen TNT[105]	1 Megatonne TNT	20 Megatonnen TNT
Mittlere Explosions-Höhe	600 Meter	2500 Meter	5500 Meter
Zone 1	0,8 km	4 km	14 km
Zone 2	1,6 km	6 km	22,5 km
Zone 3	2,8 km	10,5 km	43,5 km
Zone 4	4 km	12,5 km	50 km
Zone 5	4,8 km	16 km	55 km

Zone = Radius um den Explosionsort

	Allgemeines	Wirkungen auf den Menschen
Zone 1	Extreme Hitze und Überdruck von 1,7 Bar. Metalle verdampfen. Windgeschwindigkeiten von 500 km/h.	Nahezu 100 % Todesfälle.
Zone 2	Schwerste Zerstörungen. Überdruck von 1,1 Bar. Extreme Hitze. Windgeschwindigkeiten von 450 km/h.	Weit über 90 % Todesfälle. Schwerste Verletzungen und Verbrennungen.
Zone 3	Schwere Zerstörungen. Starke Hitze. Überdruck	60 % Todesfälle. 40 % Verletzungen

105 TNT = Trinitrotoluol (Sprengstoff). 1 Kilotonne entspricht 1000 Tonnen. 1 Megatonne entspricht 1.000.000 Tonnen.

	von 0,6 Bar. Windgeschwindigkeiten von 400 km/h.	und Verbrennungen.
Zone 4	Starke Hitzewelle, Großbrände. Überdruck von 0,4 Bar. Windgeschwindigkeiten von 220 km/h.	50 % Todesfälle. 45 % Verletzungen und Verbrennungen.
Zone 5	Starke Beschädigungen durch Hitze. Überdruck von 0,2 Bar. Windgeschwindigkeiten von 160 km/h.	15 % Todesfälle, über 50 %teilweise Schwerst-Verletzte und Verbrennungen.

Wie kann man sich schützen?

Generell muss gesagt werden, dass die erste Maßnahme heißt: Abstand halten! Je weiter man vom Ort der Explosion oder des Unfalles entfernt ist, desto weniger belastet zunächst die Kernstrahlung. Das gilt natürlich auch für die thermische Strahlung, die Druckwelle, den Fallout oder den elektromagnetischen Impuls. Gehen wir für unser folgendes Beispiel von einem Angriff auf unser Land aus, bei dem eine einzige A-Bombe mit einer Zerstörungskraft von 10 Kilotonnen in einer Höhe von 700 Metern über dem Boden gezündet wird. Weiterhin wurden wir zeitgerecht (24 Stunden) vorgewarnt und befinden uns weit außerhalb der Zone 5. Die Chancen also, einen solchen Angriff zu überleben, sind durchaus gegeben. Was wir benötigen?

1. Unseren inneren Kreis
2. Schutz
3. Information
4. Wasser
5. Nahrung

1. Alarmieren Sie zunächst mit allen zur Verfügung stehenden Mitteln den Inneren Kreis, rufen Sie alle Familienmitglieder zusammen und erklären Sie rasch, um was es geht. Sie stehen in der Verantwortung!

2. Legen Sie vorläufig einen Raum im Keller als Zitadelle[106] fest.

3. Informieren Sie sich währenddessen per TV und Radio über die aktuelle und über die zu erwartende Situation. Sind Sammelräume zugewiesen, die als sicher (sicherer als Ihr Keller) gelten? Falls ja, reicht die Zeit, um noch auszuweichen? Falls Sie sich entscheiden auszuweichen, dann sollten Sie sich darüber im Klaren sein, dass es zum Mega-Stau auf den Straßen kommt, denn alle wollen weg. Das birgt die Gefahr, dass die Explosion Sie im Freien, also völlig unvorbereitet trifft. Befinden sich ganz in der Nähe eine größere Militäreinrichtung, eine Kaserne, ein AKW oder wichtige industrielle Niederlassungen, die ein potentielles *Ziel* darstellen könnten, dann bleiben Sie nur dort, wenn die Zeit auszuweichen nicht reichen würde.

4. Sie bleiben? Gut! Verteilen Sie Aufgaben bezüglich der Dinge, die Sie dringend benötigen: Wasser, Nahrung (hamstern Sie so viele Vorräte wie möglich und hamstern Sie noch mehr WASSER!). Doch weiter geht's: Denken Sie an Energie, Bekleidung, Information (ganz wichtig: Radio) etc. Bringen Sie alles in den Keller oder in den Raum, den Sie als am sichersten bestimmt haben. Danach schließen und verbarrikadieren Sie alle Türen und Fenster in Dachboden, Haus und Keller (Fensterläden und Rollläden) und schalten Sie eventuelle Belüftungen und Klimaanlagen aus.[107] Bezüglich der Strahlungen können wir getrost davon ausgehen, dass wir umso geschützter sind, je mehr Materie / Masse sich zwischen uns und dem Strahlungsherd (auch Fallout) befindet. Verbarrikadieren Sie Kellerfenster und Türen mit Sand, Erde, Holz, Möbelstücken, Matratzen, ja mit allem, was Ihnen in die Finger kommt. Dass dies den Ort im Falle eines Brandes zur tödlichen Falle werden lässt,

---

106 Im Keller wohlgemerkt! Sie müssen sich vor der Druckwelle und den Strahlungen so gut es geht schützen.

107 Das auch, weil wir nicht wissen, ob chemischer oder biologischer Kampfstoff eventuell ebenfalls zum Einsatz kommt.

müssen wir in Kauf nehmen. Richten Sie sich darauf ein, längere Zeit dort unten zu bleiben. Die Strahlung lässt stündlich nach, also harren Sie der Dinge, die da kommen mögen.

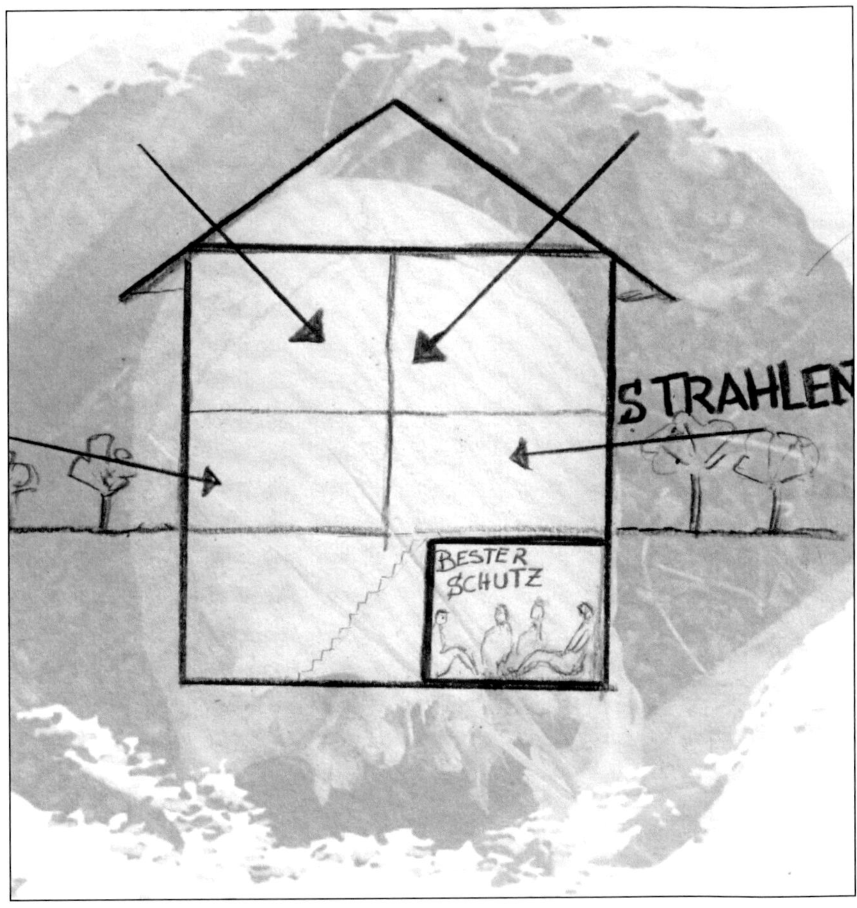

Schutz im Keller.

Wenn genügend Zeit bleibt und genügend Material zur Verfügung steht, dann schichten Sie auf dem Boden des Geschosses, das direkt über dem Keller liegt, so viel wie nur möglich. Je dicker und schwerer, desto effizienter. Auch die Außenwände könnten zum Beispiel mit Erde und Sand verstärkt werden.

Materie absorbiert Strahlen!

Eine interne Kontamination kann durch die Luft (Einatmen), über Wunden (Blut) und über Speisen und Getränke (Verzehr) verursacht werden. Sollten Sie, aus welchen Gründen auch immer, das Haus oder den Schutzraum verlassen, dann nur mit einer Schutzmaske und mit Schutzkleidung. Wenn Sie keine Schutzbekleidung haben, bedecken Sie jede freie Hautpartie mit dicker, eventuell wasserabweisender Kleidung. Stiefel, Overalls, Jacken aus Gore-Tex und Ölzeug bieten sich an. In dieser Phase müssen Sie dafür Sorge tragen, dem Fallout zu entgehen. Damit gemeint sind radioaktiv verseuchte Staubpartikel, feiner Sand oder herunterfallende Asche bzw. radioaktiver Regen.

Um den Fallout zu bezeichnen, wird auch der Ausdruck radioaktiver Niederschlag verwendet. Ein Fallout entsteht immer dann, wenn Nuklearbomben gezündet werden. Damit sind auch die in Friedenszeiten zu Testzwecken stattfindenden Explosionen gemeint. Der Fallout wird durch den Wind um den ganzen Erdball getragen. Fällt er zu Boden, spült ihn der Regen in die Bäche und Flüsse. Kommt es zu einem Atomkrieg, so würde der Fallout sicherlich mehr Todesopfer fordern als die Druckwelle, die sofortige Kernstrahlung oder die thermischen Strahlungen. Bei bodenfernen Explosionen werden feine Partikel des Fallouts gar bis weit hinauf in die Troposphäre getragen und so kann es Wochen dauern, bis sie tausende von Kilometer weiter zu Boden fallen: immer noch todbringend!

Pilze, Früchte und Gemüse sind sicherlich radioaktiv verseucht, Sie sollten daher für den Verzehr nicht in Erwägung gezogen werden! Dasselbe gilt für Wasser in offenen Quellen, Bächen oder Seen. Achten Sie bei Ihrer Rückkehr darauf, dass keine radioaktiven Partikel an Schuhen oder an der Kleidung mit in das Innere des Hauses gelangen. Dazu sollte die Kleidung vor dem Betreten des Hauses dekontaminiert werden. Die Kleider müssen – Rücken zum Wind – abgeklopft, ausgeschüttelt und in Plastiksäcke verpackt werden. Wenn Sie der Auffassung sind, dass Ihre Haare mit dem Fallout oder kontaminierten Partikeln in Kontakt geraten sind, schneiden Sie diese kurzerhand ab, bevor Sie das Haus betreten. Im Bad des Hauses sollte man dann eine akkurate Körperhygiene durchführen, zumindest aber lange duschen. Zum Reinigen der Haut kann eine fünfprozentige Kaliumpermanganat-Lösung oder als Alternative eine fünfprozentige Natronbleichlauge verwendet werden. Bürsten Sie die Haut damit ab und spülen Sie mit reichlich Wasser nach. Seife ist zu vermeiden, weil sie schmiert! Verwenden Sie eine drei- oder vierprozentige Zitronensäurelösung zum Gurgeln, kleine Wunden spülen Sie am besten mit ganz normalem Spülmittel aus.

Nehmen wir an, Sie sind mit dem Kfz unterwegs. Plötzlich wird im Radio die dringende Eilmeldung durchgegeben, dass eine Atomexplosion unmittelbar bevorsteht. Mit Blick auf die Karte kommen Sie zu der Überzeugung, dass Sie es bis zu einem Schutzkeller oder bis nach Hause oder in die nächste Stadt nicht mehr schaffen könnten. Was tun? Sehen Sie sich um. Gibt es irgendwo ein Terrain, das auf einen relativ weichen

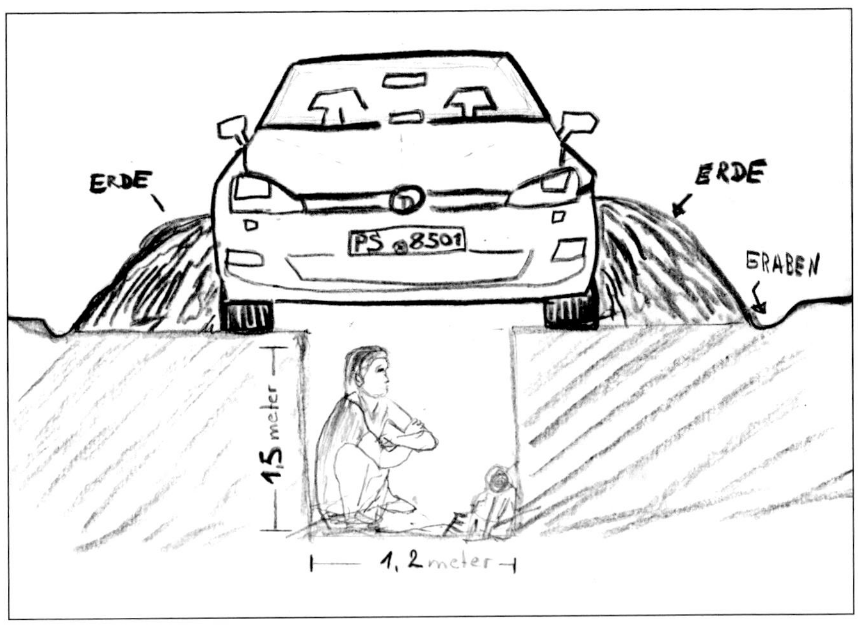

Kfz-Schutz gegen A-Explosion.

Boden schließen lässt? Wenn ja, lenken Sie ihr Kfz dorthin. Nehmen Sie Ihren Feldspaten aus dem Kofferraum[108] und graben Sie: 1,20 bis 1,50 Meter tief, 1 bis 1,20 Meter breit und etwa 2 Meter lang. Holen Sie nun alles, was Sie brauchen könnten, um einen Tag oder länger zu verharren, aus dem Kofferraum, lagern Sie es in den Graben und fahren Sie dann das Fahrzeug genau auf den Graben. Jetzt legen Sie einen Gang ein und ziehen Sie die Handbremse an. Es geht darum, den verheerenden Energien, die bei der Explosion der Atombombe frei werden, zu entgehen. Häufen Sie nun seitlich sowie auch vorne und hinten Erde um das Auto, je mehr und je höher, desto besser. Nur an einer Stelle bleibt ein kleines Schlupfloch. Nun können Sie nur eines tun: der Dinge harren, die da kommen.

Was tun bei einem Erdbeben?

Ein Erdbeben ist Resultat einer abrupten Verschiebung zweier Platten entlang der tektonischen Spalte. Befinden wir uns nahe am Epizentrum, so hören wir zunächst einen lauten Knall, ähnlich einer Explosion. Es folgen einige mehr oder weniger starke Beben. Sind wir weiter entfernt, so ist das erste Warnzeichen ebenfalls ein dumpfes Geräusch, dem ein Beben folgt. Dann beginnt alles zu wackeln, hoch und runter, von links nach rechts. Die Verwirrung Ihrerseits ist total. Sie wissen nicht, was geschieht. Dann kommt die Angst. Ein Erdbeben ist mit nichts zu vergleichen. Ihre Sinne werden total verwirrt, Sie haben das Gefühl, die Erde dreht sich unter Ihren Füßen. Dauert das Phänomen ein paar Sekunden, so spricht man von einem leichten Erdbeben, überschreitet es jedoch eine Minute, ist es bereits ein schweres Beben. Es wird jedoch kaum so sein, wie man es in Filmen häufig sehen kann: Spalten, die sich plötzlich öffnen, Menschen, die von unsichtbaren Händen in diese offenen Schlünde gezerrt werden. Aber es kann durchaus vorkommen, dass ganze Häuser einstürzen. Dass zerfetzte Gasleitungen Brände auslösen und dass zur Erde fallende Stromleitungen und plötzlich hereinfallende Wassermassen erheblichen Schaden anrichten, doch wie können wir uns schützen?

---

108 Siehe dazu: SURVIVAL Total Band 1. Ich beschrieb die notwendigsten Dinge, die wir ständig im Auto dabeihaben müssen.

Während des Bebens ...

Sie befinden sich in Ihrem Haus, in einem Gebäude wie zum Beispiel einem Einkaufszentrum?

- **Suchen Sie Schutz** unter einem schweren, soliden Möbelstück / Tisch / Türrahmen / etc.
- **Schützen Sie Ihren Kopf** vor herumfliegenden oder herunterstürzenden Objekten.
- **Halten Sie sich an dem Möbelstück**, unter dem Sie Zuflucht gesucht haben, fest. Bewegt es sich, dann folgen Sie dieser Bewegung.
- **Warten Sie das Ende des Bebens ab** und flüchten Sie aus dem Gebäude. Benutzen Sie für Ihre Flucht nie den Aufzug.

Sie befinden sich im Freien?

- **Bleiben Sie im Freien!** Entfernen Sie sich schnell von allen Gebäuden, Brücken, elektrischen Anlagen und vom Wasser.[109] Richten Sie Ihr Augenmerk auf nahe Gebäude, von dessen Dächern Trümmer, Ziegel oder gar Mauerteile fallen könnten.

Sie befinden sich im Auto?

- **Entfernen Sie sich schnellstens** von Gebäuden, Brücken, Viadukten, Masten und Überland-Stromleitungen und halten Sie an. Achten Sie dabei darauf, die Straße nicht zu blockieren.
- **Bleiben Sie im Auto** und schalten Sie das Radio an, um Informationen zu bekommen.
- Sind **Stromleitungen** auf Ihr Auto gefallen, verlassen Sie das Auto nicht. Machen Sie vielmehr mittels Handzeichen auf Ihre Situation aufmerksam und lassen Sie sich retten.

---

109 Strand, Kai, Seen- und Flussufer: Gefahr eines durch das Erdbeben ausgelösten Tsunami!

Nach einem Beben ...

- **Helfen Sie** Menschen in Not.
- Stellen Sie **Gas- und Stromhauptleitungen** ab.
- **Gas** ist eine beliebte Energiequelle: Zünden Sie kein Feuerzeug und keine Streichhölzer an, solange Sie nicht die Sicherheit haben, dass kein Gas in der Luft ist! Achtung: Gas hat oft einen neutralen (KEINEN) Geruch!
- Sind Sie noch im Gebäude, dann **packen Sie ein paar wichtige Dinge** (oder schnappen Sie sich Ihr Notgepäck) und gehen Sie ins Freie.
- Vergessen Sie Ihre **Haustiere** nicht!
- Ist beim **Nachbarn** alles okay?
- **Informieren Sie sich** per Radio über zu ergreifende Maßnahmen und über die allgemeine Situation (stehen eventuell Nachbeben bevor?).

... helfen Sie Menschen in Not!

Zwischenspiel

Das große Erdbeben von Haiti im Jahr 2010 hat 200.000 Opfer gefordert, doch es gab auch kleine Wunder. So zum Beispiel wurde das Luxushotel Montana[110] (unweit von Pétionville), in dem Politiker, Journalisten und Geschäftsleute aller Art verkehrten, total zerstört. Es kamen hunderte von Menschen darin ums Leben. Die deutsche Hotel-Besitzerin Nadine Cardoso-Ridl (62) wurde nach vier Tagen lebend aus diesem Trümmerhaufen geborgen.

110 Auch das Christopher Hotel, Hauptquartier der MINUSTAH, war nach dem Beben nur noch Schutt und Asche. Der Leiter der Mission und UN-Sondergesandte für Haiti, Hédi Annabi, kam in den Trümmern ums Leben.

10 GEFANGEN IM NETZ

10

„Ja. Leider ja."
H- Christian Ströbele, MdB (Grüne)

Auf die Frage von ARD-Kinderreporter, ob er einen Computer habe.

28

Internet, Informatik und Schutz persönlicher Informationen

Ob die einfache Überwachungskamera am Bahnhof, in der Tiefgarage, am Flughafen oder in der Fußgängerzone, ob die Ampel, unser Tablet, die Stereoanlage, der PC, alles ist vernetzt.[111] Heute werden sogar Kfz-Oldtimer zu fahrenden Smartphones! Sicher ist die Zukunft spannend, aber die unheimlich rasanten Entwicklungen werden auch zunehmend gefährlich. Cookies verewigen unser Wirken im Netz dauerhaft! Die wirkliche Welt, die Realität unseres täglichen Lebens und das World Wide Web, alles verschwimmt, wird eins. Jeder von uns benutzt Internet, Ausnahmen bestätigen allenfalls die Regel. Souverän damit umzugehen jedoch ist kein Selbstläufer. Und es ist „problematisch".

In dem Augenblick nämlich, in dem wir uns für Internet entscheiden, werden wir wie Glas, total transparent und durchschaubar! Unsere Neigungen, Wünsche, Vorlieben und Meinungen hinterlassen eine unauslöschliche Spur, und wenn ich sage Spur, dann meine ich im selben Atemzug offene Pforten für Kriminalität und Überwachung.

Kriminelle Netzwerke werden ebenso auf uns aufmerksam wie die NSA, die National Security Agency (Nationale Sicherheitsbehörde). Diese hat ihren Hauptsitz in Maryland, USA, und sie weiß, wie wir uns

---

111 In nicht allzu ferner Zukunft werden sogar Heizungen, Türschlösser und Sehhilfen vernetzt sein, und damit leider noch lange nicht Schluss.

anziehen, was wir fühlen und welche Seiten wir im *Netz* bevorzugen. Und sie weiß inzwischen auch, was unsere Kanzlerin am Telefon so alles erzählt.

Einen hundertprozentigen Datenschutz gibt es nicht, aber man kann versuchen, alle nur möglichen Vorteile auf seine Seite zu bringen. Datenschutz im Internet ist ein sehr weitläufiger Begriff. Zu umfassend, finde ich. Deshalb dieser Versuch, ihn mit wenigen Worten auf das Niveau des normalen Verbrauchers zu bringen, so dass jeder von uns sich auf seiner Ebene und mit einigen Tricks so gut es geht schützen kann.

Persönliche Daten

Wir wollen selbst entscheiden, ob, wann und in welcher Form unsere persönlichen Daten (oder „personenbezogenen Daten") anderen zugänglich gemacht werden. Ob in Mails, im Chat oder in Social Networks ... Veröffentlichen Sie so wenig personenbezogene Daten wie nur möglich! Zu den persönlichen Daten zählen unter anderen:

- Familienstand, Alter, Geburtsdatum, E-Mail & IP-Adresse[112].
  Freunde und Familie haben diese Daten; andere, vor allem Fremde, gehen Details nichts an.
- Genetische Daten, Krankendaten, eventuelle Vorstrafen, das persönliche Lebensumfeld (im erweiterten Sinn auch das soziale Lebensumfeld).
  Diese Art Wissen ist absolut vertraulich und erfordert einen ebensolchen Umgang. Sie haben im Netz nichts zu suchen.
- Kfz-Kennzeichen, Zeugnisse, Diplome, andere Werturteile, Personalausweisnummer (Reisepassnummer), Sozialversicherungsnummer etc. gehören grundsätzlich nicht ins Internet! Diese Daten eignen sich zum Missbrauch wie zur Fälschung von Dokumenten und zum Anlegen falscher Profile.

---

112 Name, Adresse und Telefonnummer sind laut dem Datenschutz keine persönlichen Daten, da sie in jedem Telefonbuch u.U. zu finden sind!

Unseren Namen, das Geburtsdatum (und somit unser Alter) und manchmal die Adresse angeben? Manchmal kommen wir nicht darum herum! Viele Internetdienste wie Mails, Radio, Telefonie, Clubs, Foren, Spiele und das World Wide Web sind *scheinbar* kostenlos. Der einzige Zoll, den wir entrichten müssen, sind Daten. Unsere Daten! Die werden angeblich gebraucht, um uns zu registrieren. Sobald diese Daten jedoch preisgegeben sind, verlieren wir in den meisten Fällen die Kontrolle über sie. Mit geeigneten Suchmaschinen kann es für Dritte jetzt durchaus ein Leichtes sein, sich über uns zu informieren.

Hier einige Tipps:

1. Prüfung der Allgemeinen Geschäftsbedingungen (AGB): Es muss ausdrücklich festgelegt sein, dass Ihre Daten nicht an Dritte weitergegeben werden.
2. Geben Sie den eigenen Namen nur dann an, wenn es unbedingt notwendig ist, und greifen Sie ansonsten auf Pseudonyme, Nicknames, Zweitnamen oder auf irgendwelche Phantasienamen zurück.
3. Geben Sie nur die Daten an, die für den angebotenen Dienst unbedingt notwendig sind, und verzichten Sie auf alle anderen zusätzlichen Informationen Sie selbst betreffend.
4. Fragen Sie den Anbieter, ob Ihre persönlichen Daten ins Internet gestellt werden.[113]

Für Ihren E-Mail-Verkehr

Wäre ich Realist, müsste ich sagen, dass jeder Mann, so auch jede Frau, drei E-Mail-Konten bei verschiedenen Gratis-Anbietern haben sollte, jeweils eines für die Arbeit, für Privates und für die Registrierung bei verschiedenen Webseiten, Blogs, Foren etc.
Jede Mailadresse hat idealerweise ihre *Domäne* und ein anderes Passwort.

113 Wir können getrost davon ausgehen, dass kein Anbieter zugeben wird, dass er die Daten verkauft. Sogenannte „Grabber" durchsuchen das Internet nach E-Mail-Adressen. Gleichzeitig werden aber auch alle anderen personenbezogenen Daten so erfasst. Mit Hilfe von Algorithmen werden dann Profile erstellt. In Verbindung mit besuchten Webseiten können somit detaillierte Informationen über die Personen generiert werden.

Passwörter

Seien Sie kreativ bei der Wahl Ihrer Passwörter. Das ideale Passwort ist nachweislich ein rein zufälliges. Als sicher gilt ein Passwort, wenn es folgende Kriterien erfüllt: Es ...

- besteht aus mindestens 12 Zeichen.
- besteht nicht aus Zeichenfolgen, die in einem nahen Zusammenhang mit Ihnen stehen. Verwenden Sie also nicht Ihre Geburtsdaten, den Namen Ihrer Katze oder den Kosenamen Ihres Gatten / Ihrer Gattin.
- besteht aus einem Mix zwischen Groß- und Kleinbuchstaben.
- besteht gleichzeitig aus Zahlen, Buchstaben und Sonderzeichen (durcheinander groß- und kleingeschrieben).
- beinhaltet kein Wort, das in einem Wörterbuch vorkommt.
- wird nur an einem Ort für einen Dienst / Zweck verwendet.

Weiterhin sollten E-Mail-Anhänge nur geöffnet werden, wenn der Absender bekannt ist. Viren und Trojaner im Anhang werden erst aktiv, wenn dieser geöffnet wird.[114]

Zu guter Letzt weise ich auf eine Webseite hin, die eine sehr gute Überprüfungsmöglichkeit bietet, zu sehen, ob Sie von einem Identitätsdiebstahl betroffen sind: www.sicherheitstest.bsi.de.

Bankdaten / Online-Banking / Online Shopping & Booking

Online-Banking ist für viele von uns heute eine Selbstverständlichkeit[115] und natürlich wollen wir Konto-, Kreditkartennummer, IBAN,

---

114 Der erste „Trojaner" war ein hölzernes Pferd. Im Inneren dieses Pferdes waren Soldaten. Die Stadtwachen (Virenscanner) sagten, als sie es sahen: Wie schön es ist! Sie öffneten die Stadttore und schoben es in die Stadt hinein. Nachts kamen die Soldaten aus dem Pferd heraus, öffneten die Stadttore und Troja wurde von den Griechen eingenommen. Dies funktioniert nicht nur mit Anhängen in E-Mails, sondern auch in Social Networks. Es kommen nur keine Soldaten, sondern Abo-Fallen, Viren etc.

115 Nach Angaben des Bundesverbandes Informationswirtschaft, Telekommunikation und neue Medien e.V. (BITKOM) erledigen fast die Hälfte der Bundesbürger ihre Bankgeschäfte online (Stand: Juli 2012).

BIC, SWIFT & Co schützen, den Zugang zu diesen Daten für andere unmöglich machen. Hier die geläufigen Tipps dazu:

1. Benutzen Sie keine *Hotspots* zum Online-Banking. Hotspots, damit sind öffentlich zugängliche WLAN Netze gemeint.
2. Überprüfen Sie regelmäßig Ihre Kontobewegungen. Schauen Sie ab und zu persönlich bei Ihrem Berater vorbei, kontaktieren Sie die Bank periodisch per Telefon und legen Sie bei der Gelegenheit auch ein Überweisungslimit fest.
3. Aktivieren Sie Ihren Phishing-Schutz im Browser.
4. Besorgen Sie sich eine gute Sicherheitssoftware / Virenscanner. Avira, Bitdefender Internet Security, Kaspersky Internet Security, G-Data & Co drängen sich auf.
5. Es gibt Komplettpakete mit Kindersicherung, Firewall und Phishing-Schutz, alles in einem. Wer auf einen guten Schutz und Qualität Wert legt, sollte gewillt sein, dafür auch in die Tasche zu greifen, denn: *nahezu 100% Schutz und kostenlos verträgt sich nicht*. Aber auch hier sei gesagt, dass es keinen 100%-Schutz gibt, diese Tools tragen jedoch deutlich zur Verbesserung der Sicherheit für Ihr Online-Banking bei. Der Virenschutz dieser Sicherheitssoftware wird ständig aktualisiert, was sicherstellt, dass auch neuartige Viren schnell gefunden und bekämpft werden.
6. Transaktionsnummern (TAN). Bewahren Sie die Listen mit Ihren TANs sicher auf, so dass sie nicht gestohlen oder kopiert werden können. Auch vom Speichern der TANs auf dem Computer oder in bestimmten Programmen sollte man Abstand nehmen. Am sichersten ist das sogenannte *Homebanking Computer Interface* (HBCI). TANs werden am Bildschirm generiert, Listen sind hier Schnee von gestern. Inzwischen gibt es Verfahren, bei denen die Scheckkarte (EC, Visa o.Ä.) in ein Lesegerät gesteckt werden muss. Ohne Karte geht also nichts.
7. Installieren Sie zeitnah aktuelle Updates für das Betriebssystem und die Programme!

8. Füttern Sie die Adresszeile im Browser, die zu Ihrer Bank führt, immer per Hand, via Tastatur. Sicheres Online-Banking setzt eine sichere Internetverbindung voraus und so sollte die Internetadresse stets mit *https://...* beginnen. Natürlich erhält sie ein Sicherheitszertifikat. Bei Firefox erscheint dies in Form eines grünen Schlosses links von der Adresse, Internet Explorer markiert die ganze Zeile grün.

Unser Schaffen / Dokumente / Audiovisuelle Daten

Und natürlich möchten wir sichergehen, dass unsere auf dem PC gespeicherten geistigen Arbeiten (Schriftverkehr, Manuskripte, Prozeduren, andere), Dokumente, Videos und Bilder etc. nicht in die Hände anderer geraten oder, was fast schlimmer wäre, auf einmal weg (gelöscht) sind. Auch wenn die neuere Generation von Computern mit langen Lebenszeiten aufwarten kann, so ist es dennoch nicht unmöglich, dass ein Speicherplattenfehler auftritt. Die Arbeit von Jahren, persönliche Unterlagen, eventuell Briefe, alles futsch? Das kann verhindert werden!

Was tun?

Stellen Sie eine regelmäßige Datensicherung sicher.

Speichern Sie Ihre Arbeiten nach Kategorie in persönliche Ordner und sichern Sie diese Ordner auf PC-unabhängige Datenträger mit ausreichender Speicherkapazität: CD / DVD / externe Festplatten / USB-Sticks etc. Jedes Mal, wenn es in Ihren Dateien wesentliche Änderungen gibt oder *Zusätzliches*, dann speichern Sie es ab. Ein weiteres effizientes Back-Up wäre Dropbox. Dropbox (Cloud-Storage) ist eine Art Internetfestplatte (Online-Datenspeicherung), auf der Sie, passwortgeschützt, all Ihre Dateien ablegen und wann Sie wollen und von jedem Ort der Erde (sofern Sie Internetzugang haben) wieder abrufen können. Für viele ist diese Art, Dateien zu speichern, sicherheitstechnisch jedoch bedenklich. *Clouds* sind leider nicht sicher.

Sie arbeiten täglich?

Sichern Sie Ihre Daten täglich!

Sollten die gespeicherten Dokumente oder Daten nicht mehr benötigt werden, so vernichten Sie sie. Ist es ein USB-Stick, dann genügt ein einfaches Formatieren (Schnellformatierung).[116]

- USB-Stick an der „USB-Schnittstelle" einschieben, einige Sekunden warten.
- Klicken Sie im Startmenü (oder Explorer) auf „dieser PC".
- Rechtsklick auf den im Explorer in der Leiste „dieser PC" sichtbaren zu formatierenden USB-Stick.
- Unter Dateisysteme FAT 32 eingeben (bis 4 GB) – nur wenn der USB-Stick in älteren Fernsehern oder Musikanlagen benutzt wird (z.B. für eine Diashow, eine Musikwiedergabe usw.), ansonsten wählen Sie NTFS. Falls Sie neben Windows auch einen Mac oder Linux-PC nutzen, sollten Sie besser exFAT anklicken.
- Bei Formatierungsoption aktivieren Sie das Häkchen „Schnellformatieren".
- Klicken Sie auf „Starten" – Alle Daten werden unwiderruflich gelöscht.

Eine CD oder DVD muss ganz zerstört, zerbrochen werden. Sollten Sie den Computer verkaufen, dann gehen Sie auf Nummer sicher. Vernichten Sie alle Daten. Ein wirksames Gratis-Programm für die Datenvernichtung unter vielen anderen ist Eraser (z.B. Eraser File Shredder). Diese Programme stellen sicher, dass die Daten wirklich gelöscht sind. Die Daten werden mehrfach mit zufällig generierten Zeichen überschrieben, so dass ein Wiederherstellen unmöglich ist.

---

116 Hier am Beispiel Windows 8.1. Bei der Schnellformatierung werden die Daten nicht vollständig gelöscht, sondern nur die TOC (Table of Content – die Dateizuordnungstabelle) überschrieben. Übrigens: Es gibt Firmen wie zum Beispiel CONVAR (Pirmasens), die sich auf die Wiederherstellung von Daten auf Festplatten und anderen Massenspeichern spezialisiert haben. Nach September 11 wurden Festplatten und andere Speicher, die aus dem World Trade Center geborgen wurden, CONVAR zur Daten-Wiederherstellung übergeben.

Social Networks

Hier geht es vorrangig darum, das richtige Maß zwischen Privatsphäre und Öffentlichkeit zu finden. Einerseits will man sich selbst natürlich so präsentieren, wie man ist, um andere an seinem Leben teilhaben zu lassen, auf der anderen Seite aber gilt es zu verhindern, dass persönliche Angaben missbraucht werden. Nicht oder nur mit höchster Vorsicht preisgegeben werden bzw. unterbleiben sollten Informationen über:

- Gesundheit
- Politische Einstellung
- Religiöse oder philosophische Überzeugungen
- Ethnische Herkunft
- Ihr Sexualleben
- Kommentare wie: Wir sind in Urlaub bis …[117]

Auf Plattformen wie Facebook[118] achten Sie auf Folgendes:

Nur „Freunden" den Zugriff auf Ihr Profil zu erlauben. Siehe Privatsphäre-Einstellungen. Doch Vorsicht ist geboten. Ich nehme meinen Fall. Es gab einen Moment, da hatte ich auf Facebook 3000 *„Freunde"*. Sie können sich vorstellen, dass ich höchstens 50 davon persönlich kannte und dass nur etwa fünf zu meinem engen und engsten Freundeskreis gehörten.

Mein Tipp:

- Akzeptieren Sie bei Anfragen nur die als *Freunde*, die Sie im wirklichen Leben auch kennen. So weit die Theorie. Wenn man jedoch interessanten Gruppen angehört oder angehören will, die weltweit Anklang finden, so dürfte ein persönliches Kennenlernen schon im Ansatz scheitern. Ich denke, hier muss viel Bauchgefühl und Abwägung her.

---

117 Auch die Bestimmung des Standorts und dessen Veröffentlichung per Handy (z.B. bei einem Ausflug oder Einkaufsbummel) sind kritisch. Das könnte während Ihrer Abwesenheit von zu Hause Banditen Tür und Tor öffnen ...!

118 Facebook-Nutzer können sich leider nicht sicher sein, ob ihre Daten nicht vom US-Geheimdienst NSA ausspioniert werden. Wer das nicht will, wer den sicheren Weg gehen möchte, löscht am besten einfach sein Konto.

- Veröffentlichen Sie kein Material (Fotos, Videoclips oder Texte), das Sie kompromittieren oder Ihnen und anderen peinlich sein oder sonst wie Sorgen bereiten könnte. Blicken Sie dabei auch mal kritisch in die Zukunft. Auch ist es durchaus Usus, dass die Personalchefs vieler Firmen sich in *Facebook & Co* schlaumachen, bevor sie jemanden einstellen. Fotos von Ihnen in Partylaune könnten Ihrer Bewerbung einen Strich durch die Rechnung machen.

MENTALE STÄRKE ALS SCHLÜSSELFAKTOR FÜR IHREN PERSÖNLICHEN ERFOLG

11

Es gibt Menschen, die wagen es kaum, das Haus zu verlassen, aus Furcht, sie könnten jemanden treffen, mit dem sie sich Auge in Auge unterhalten müssten. Und dann gibt es Kinder, die in der Schule nie die Hand heben: aus Angst! Aus Angst, etwas Falsches zu sagen und dann ausgelacht zu werden. Ich kannte jemanden, der hatte schon Probleme damit, früh die Beine aus dem Bett zu schwingen, weil die zu erwartende Last der täglichen Aufgaben, vor allem aber die Aussicht auf eine Konfrontation mit andren Menschen, ihn einfach überforderte. Nun, all diesen Menschen möchte ich sagen, dass die menschliche Gesellschaft ein großes Puzzle aus Milliarden von Individuen ist. Und jeder von uns ist ein Teil davon, ich korrigiere mich: Jeder von uns ist ein *WICHTIGES* Teil dieses Puzzles! Hinter jedem von uns verbirgt sich eine Schatztruhe, deren Wichtigkeit und deren Wert nicht extra demonstriert werden müssen. Jeder von uns kann stark sein und großartige Dinge vollbringen.

Ich selbst hatte bei meinem ersten verantwortungsvollen Posten einen unwahrscheinlichen Bammel vor der jeden Freitagnachmittag stattfindenden wöchentlichen Versammlung. Warum? Nun, ich hatte Angst, dass sich jemand direkt an mich wenden könnte. Die Idee, vor einem Publikum, das seine kritischen Augen erwartungsvoll auf mich richtet, sprechen zu müssen, hat mich vor Angst schier umgebracht und diese Angst hat mich bis heute eigentlich nie ganz verlassen. Doch mit der Zeit ist es besser geworden. Mit der Zeit, mit einer minutiösen Beharrlichkeit und vor allem mit dem Beistand der Menschen, die mir wichtig sind. So erinnere ich mich an meine erste öffentliche Lesung vor einem 70-köpfigen Publikum. Ich war so nervös, dass ich bei der Willkommensrede fast meinen Namen nicht mehr wusste – und das, obwohl ich daheim tagelang zuvor meine Frau und meine Tochter damit genervt hatte, doch für mich Publikum zu spielen. Ich hatte sogar das Wohnzimmer umgebaut, so dass es wie ein Vortragssaal aussah, mit Beleuchtung, Stühlen, Rednerpult etc. Meine Frau sollte mich ab und zu unterbrechen, um Fragen zu stellen, die ich dann beantworten musste, und die Tochter nahm das Ganze mit einer Kamera auf. Im Anschluss sahen wir uns den Clip dann an, diskutierten darüber und korrigierten Antworten, Gestik und Rhetorik. Das Ganze wiederholte sich zwei-, dreimal am Tag, bis es den Meinen zu viel wurde.
„Sei einfach du“, sagte meine Frau, „und es wird alles gut!“
Und das wurde es dann auch: richtig gut!

Natürlich bin ich davon überzeugt, dass das Einstudieren und Üben sich positiv bezahlt gemacht hatte. Erst das *sei einfach du* hatte aber alldem eine erstaunliche Wende zum Besseren gegeben. Deswegen mein Tipp:

Seien Sie immer einfach nur Sie selbst und alles wird gut!

Auch und vor allem in Krisenzeiten benötigen wir Mut, uns in der Masse der Leidtragenden, der Banditen und Profiteure zu behaupten. Dazu müssen wir couragiert auftreten und mental stark sein, denn wenn es in unserer mentalen Welt aussieht wie Kraut und Rüben, wenn in uns das absolute mentale Chaos herrscht, Ängste uns plagen, Zweifel an uns selbst uns das Leben schwer machen, dann können wir uns unmöglich behaupten, weder im normalen Leben noch in Survival-Situationen.

29

Ihre persönliche Mental-Agenda

Sie sollten:

- sich selbst so akzeptieren, wie Sie sind.
- nie versuchen jemand zu sein, der Sie nicht sind.
- aktiv am Leben teilnehmen, sich nicht daheim verbarrikadieren.
- sich einfügen, den Platz einnehmen, der Ihnen im Leben zusteht. Welcher das ist, entscheiden Sie selber.
- sich selbst stets etwas kritisch und mit einer Spitze Humor betrachten: Etwas geht schief? Sie machen etwas falsch? Sie reden Unsinn? Lachen Sie darüber!
- Sport machen.
- sich Wissen aneignen.
- sich erreichbare Ziele setzen und all Ihre Energie darauf verwenden, diese Ziele zu erreichen.
- Nein sagen können.

Zwischenspiel

Ein Erfolgsrezept gefällig?

Als ich 1985 in die Legion eintrat, fand ich eine Bande junger Männer vor, die zwei Dinge gemeinsam hatten:

- eine Verunsicherung: Was wird da auf uns zukommen?
- einen Anspruch: Kann die Fremdenlegion uns das geben, wonach wir suchen?

Ja, verunsichert waren wir fast alle im höchsten Grad.[119] Einige waren dick, andere trugen Brille, viele waren mental schwach, und alle waren wir neugierig. Was die Legion mit uns machte? Nun, sie ließ uns kaum die Zeit, über unsere Schwächen und Zweifel nachzudenken, denn sie nahm uns sofort in die Pflicht. Man brachte uns Französisch bei, lehrte uns, wie man mit Waffen, Munition, Funkgeräten und mit Optik umging und wie man nachts lautlos einen Wachposten ausschaltete. Sportlich wurden wir an die Grenze unserer Leistungsfähigkeit gebracht, menschlich schnupperten wir am wahnsinnig intensiven Geschmack der Freundschaft, der Kollegialität und der Verbundenheit unter Waffenbrüdern. Die Legion brachte uns bei, wie man überlebt! Mehr als das aber formte sie aus der Horde Schafe, die wir einst waren, mental starke Menschen mit einer gesunden Portion Selbstbewusstsein, denn die Ausbildung in den Regimentern einmal vorüber, war unser Selbstvertrauen grenzenlos. Wir hatten Respekt und Vertrauen gegeben und Gleiches im Gegenzug erhalten, wir hatten unsere Ziele zusammen erreicht oder waren zusammen gescheitert, hatten für Ersteres (für den Erfolg) stets Lob und Anerkennung erhalten und für Letzteres (für das Scheitern) immer eine zweite Chance, und das zusammen machte uns stark.

MENTAL STARK!

---

119 Es gab natürlich auch einige, die waren bereits vom Leben gerodet genug. Aber auch ihnen wurde sehr schnell eines vermittelt: Ihr seid alle gleich und keiner ist gleicher!

Lob und Anerkennung benötigt jeder von uns, doch das muss man sich auch verdienen. Die Grundvoraussetzung hierfür ist, anderen ebenfalls Lob und Anerkennung auszusprechen, und das auf einer täglichen Basis, im kleinen Kreis der Familie wie auch außerhalb: in der Arbeitswelt, unter Freunden, Bekannten und Nachbarn. Was wir geben, bekommen wir in vielfältiger Art und Weise wieder zurück. Jeder kennt den Spruch „Das Leben ist Geben und Nehmen!" und wenn wir danach handeln, werden wir mental immer stärker. Im richtigen respektvollen Umgang mit unseren Mitmenschen erfahren wir Halt und Stärke.

Also werden Sie sozial aktiv, treiben Sie Sport, akzeptieren Sie sich selbst so, wie Sie sind[120], pflegen Sie Ihre zwischenmenschlichen Beziehungen (Qualität vor Quantität!) und loben Sie Ihre Mitmenschen, wann immer es nur geht! Der Bumerang-Effekt wird nicht lange auf sich warten lassen.

Bleiben Sie so gut es nur geht Ihrer persönlichen Linie treu und werden Sie um Gottes willen kein Ja-Sager aus Prinzip!

Nein sagen zu können ist eine Kunst, die man schon in jungen Jahren erlernen sollte. Versuchen Sie ruhig, es jedem recht zu machen. Das klappt sogar wunderbar, nur werden Sie sehr bald schon erbittert feststellen, dass Sie selbst dabei auf der Strecke bleiben! Sehr oft, ja meistens, muss man sich anpassen. Es gibt Augenblicke, in denen man zähneknirschend über seinen Schatten springen muss, um dem Gemeinwohl Vorrang vor dem Eigenwohl zu geben, auch bei der Arbeit, im Beruf. Doch dann gibt es auch Situationen, in denen man dieses *dienliche* Denken über Bord werfen und nur an sich selbst denken sollte. Anbei eine Situation, an der Sie sehr schnell erkennen, dass ein klares Nein manchmal angebracht, ja sogar notwendig ist, um sich selber zu schützen. Im Jahr 2015 war ich im Einsatz zwischen dem Roten Meer, Tansania und Sri Lanka. Zu Beginn der Mission sagte mein Teamchef noch: „Wir werden alles zusammen machen, auch außerdienstlich!" Es

---

120 Eine Portion Eigenliebe (nicht zu verwechseln mit Arroganz) ist unabdingbar. Wenn Sie sich selbst schon nicht mögen, spürt man das. Man RIECHT Ihre Angst dann förmlich.

klang verlockend und ich hatte da schon meine Ideen, war neugierig, ob diese Vielfalt meiner Ideen Anklang finden würde. Wir – ein dreiköpfiges Team – stiegen im Roten Meer auf das Klienten- Schiff, tuckerten langsam Richtung Tansania und von dort weiter nach Sri Lanka. Dort blieben wir immer ein paar Tage, bis es dann in die entgegengesetzte Richtung wieder losging. Ab und zu waren wir auch auf einem vor Anker liegenden Hotel-Schiff, auf dem wir auf neue Aufträge warteten. Auf diesem Schiff war der Tagesablauf einfach: Mein Teamchef („Wir werden alles zusammen machen, auch außerdienstlich!"), ein imposanter Engländer, schlief von 21 Uhr abends bis 14 Uhr 30 nachmittags. Er nahm kein Frühstück und auch kein Lunch ein. Nachdem er ab 14 Uhr 30 seine Mails gecheckt hatte, das dauerte etwa zehn Minuten, trank er Kaffee, rauchte und legte sich bis zum Abendessen wieder hin. Ich schätze, er verbrachte 19 Stunden täglich im Bett. Der Franzose, der Dritte im Bunde, tat es ihm nach, war wie ein Fähnlein im Winde. Meinen Tagesablauf gestaltete ich anders. Ich stand um 5 Uhr auf und machte eine Dreiviertelstunde Sport. Nach Dusche und Frühstück schrieb ich an meinem Buch und ging dann das Meer beobachten. Im Roten Meer gibt es im Sekundentakt etwas zu sehen, ob es springende Delphine oder jagende Barrakudas waren. Nach dem Lunch sah ich mir CNN und BBC an, um informiert zu sein, was in der Welt alles so passierte. Vor dem Dinner machte ich noch eine halbe Stunde Sport. Am Abend traf ich mich mit irgendwelchen interessanten Leuten (meine Teamkameraden schliefen immer noch oder schon wieder), mit denen ich dann tiefgründige Gespräche führte, meist bis spät nach Mitternacht. Traf ich irgendwann zufälligerweise auf meine beiden Teamkollegen, sie standen meistens müde und wortkarg in einer Raucherecke, so sprach ich wenig mit ihnen, weil ich erstens nicht rauchte und zweitens sie das Wort Dusche nur vom Hörensagen kannten. Ich war dennoch immer höflich und nett. Hatten wir in Sri Lanka einige Tage frei, gleiches Spiel: Mein Chef und sein französischer Gefolgsmann schliefen tagsüber und trieben sich nachts in den Bars herum. Frühmorgens kamen sie meist stockbetrunken heim und schliefen wieder bis in den späten Nachmittag. Ich blieb meiner Linie treu: Früh vor dem Sonnenaufgang raus aus den Federn, Sport, Märsche im Urwald und kulturelle Sightseeings, Kontakt mit den Einheimischen (ich half oft armen Leuten mit winzigen Kleinigkeiten), ich las viel, ging im Meer schwimmen, bis ich dann nachts müde ins Bett fiel. In dieser Zeit und auch danach musste ich mir täglich massive Vorwürfe des Teamchefs anhören. *Ich sei nicht teamfähig. Hätte keinen Korpsgeist!* Auf meine Frage hin, ob es nicht möglich wäre, zu variieren – alle drei machen früh etwas Sport, bilden sich auch kulturell etwas weiter und alle drei würden dann auch nachts um die Ecken ziehen –, kam nur ein *„Der Chef bin ich."* und ich solle mich doch bitte anpassen! Meine Antwort war im Gegenzug natürlich ein klipp und klares NEIN! Ich musste meine Interessen wahren und dafür war ich auch bereit, die Konsequenzen zu tragen.

Setzen Sie Prioritäten in Ihrem Leben

Wir wollen immer alles so perfekt wie möglich und es jedem recht machen. Jeder tritt mit Wünschen an uns heran, möchte seine Sache ins Zentrum unserer Betrachtung rücken, weiß besser als wir selber, was gut und wichtig für uns ist. Deshalb räumen Sie in Ihrem Leben auf, indem Sie:

- wichtig von unwichtig unterscheiden lernen.
- Prioritäten setzen: Ihre Prioritäten, nicht die anderer!
- das tun, wovon Sie überzeugt sind, dass es das Richtige ist.

Leben ist Zeit, Zeit ist Leben, deshalb gestalten Sie Ihr Leben so, wie es Ihnen gefällt, und verlieren Sie keine Zeit mit unwichtigen Dingen.[121]

Verbringen Sie nicht lange Stunden Ihres Lebens damit, sich in Facebook anzusehen oder zu lesen, was Menschen, die Sie kaum kennen, aus ihrem Leben machen, sondern kümmern Sie sich um Ihr eigenes Leben. Widmen Sie Ihre ganze Zeit und Ihre ganze Aufmerksamkeit Ihrer Frau (Ihrem Mann), Ihren Kindern und den echten Freunden. Suchen Sie sich eine Arbeit, die Sie gerne tun, nicht des Erfolges und nicht unbedingt nur um des Geldes wegen.

---

121 Netzwerkeln im Internet (Facebook & Co) ist unwichtig!

Erfolg

Etwas zu tun, das man liebt, ist keine Arbeit. Geld und Erfolg sind herrlich und schön und ganz ohne geht es wohl nicht. Besser jedoch als dieses herrliche schöne Duo ist unsere innere Zufriedenheit. Folgen Sie dem Weg, der steinig ist, und nicht immer dem, der viel Wohlstand verspricht. Es lohnt sich.
Gewinnen Sie Lebenszeit, indem Sie nicht in Bars oder Cafés rumhängen oder ständig shoppen[122] gehen. Kreieren Sie stattdessen etwas, worauf Sie stolz sein können. Sie haben die Freiheit der Wahl, wie Ihr Leben aussehen soll.

Mach aus deinem Leben einen Traum
und aus deinem Traum eine Realität!

Antoine de Saint-Exupéry,
französischer Schriftsteller
und Pilot, 1900 - 1944

122 Materielle Dinge können nicht Sinn des Lebens sein oder uns gar helfen, glückliche Menschen zu werden.

Zwischenspiel

Sarajevo, Flughafen, 1992/1993

Auftragsbedingt bargen wir in nächtlichen Einsätzen unter anderem Nacht für Nacht tote und schwerverwundete Bosnier, umgekommen oder verletzt beim Versuch, die unter Feuer liegende Start- und Landebahn zu überqueren. Diese Nächte waren klirrend kalt. Wir fuhren die Opfer zur provisorisch eingerichteten Notaufnahme, überließen sie den Krankenpflegern und fuhren wieder los, müde und wie von Sinnen, denn an Schlaf war in diesen Tagen kaum zu denken. Es war nicht selten, dass wir in solchen Nächten drei oder vier Tote und zwanzig bis dreißig Verletzte bargen.[123] Unsere Ärzte arbeiteten am Limit. Sobald die Sonne unterging, begannen sie damit, delikate Operationen durchzuführen, Notverbände anzulegen, Garotten zu lösen oder auch einfach nur Augen zu schließen, während draußen das Morden weiterging. Nicht selten hatten sie so viele Schwerverwundete auf einmal, dass sie sich entscheiden mussten, wer als Nächster auf den Tisch kam. Ihre Wahl fiel nicht immer auf diejenigen, die es am schlimmsten erwischt hatte, sondern auf die, die noch zu retten waren. Die Menschen ins Krankenhaus nach Sarajevo zu fahren erlaubten uns die Situation und die Serben nicht. Nachts wurde jeder noch so kleine Konvoi gnadenlos unter Feuer genommen, im Dunkeln lauerte der Tod!

Auf makabre Weise möchte ich damit sagen: Es gibt im Leben Situationen, in denen man überlebenswichtige knallharte Entscheidungen treffen und seine ganze Kraft dem widmen muss, was Aussicht auf Zukunft und Erfolg hat!

123 Innerhalb von 6 Monaten fanden wir bei dieser Operation, zwischen Dezember 1992 und Juli 1993, über 345 Tote und bargen mehr als 700 Verletzte. Unser Regiment beklagte einen Toten. Verletzte gab es in unseren Reihen fast täglich.

30

Das Burnout-Syndrom

Sie haben ein Konto. Auf dem liegt Kraft. Heben Sie jeden Tag etwas davon ab, dann bleibt bald nichts mehr. Es droht ein Burnout!

Ihre Gedanken sind wie ein leeres Fass, die Batterien leer. Sie stehen ständig unter Strom, arbeiten nonstop „*Power on*“, wissen aber aus Erfahrung, dass dieser zerstörerische Rhythmus Ihre Reserven angreift. STOP!

Lassen Sie es sich gesagt sein, dass auch hier ein Blackout droht.

Einer dazu noch, der fatal enden und der schwerste Depressionen hervorrufen kann. Um dem entgegenzuwirken, entspannen Sie sich, wann immer sich die Möglichkeit dazu bietet. Nutzen Sie jede nur erdenkliche Möglichkeit, Ihre Batterien wieder vollzuladen. Das fängt bei kleinen Dingen an.

- Sie haben eine – wenn auch kurze – Mittagspause? **Verzichten Sie nicht darauf!**
- Man erlaubt Ihnen zehn Minuten zwischen zwei Aufgaben? **Entspannen Sie sich!**
- Ihnen bietet sich die Möglichkeit, nach dem Mittagessen ein Nickerchen zu machen oder einfach nur etwas zu dösen? **Tun Sie es!**

Dem Burnout keine Chance geben, wie geht das?

Wir wissen, dass eine Gefahr, die man kennt, keine mehr ist. Wenn Sie folgende Punkte beachten, werden Sie sehr schnell feststellen, dass dies nicht nur leere Worte sind.

1. Lachen Sie.
2. Versuchen Sie nicht, an drei oder vier Projekten gleichzeitig zu arbeiten, sondern machen Sie alles der Reihe nach. Haben Sie mit einer Arbeit Erfolg, gehen Sie langsam die nächste an.
3. Halten Sie sich körperlich fit. Dreimal die Woche das Para Circuit Training – und das Burnout zieht an Ihnen vorüber. Oder joggen Sie regelmäßig, laufen Sie somit dem Burnout einfach davon!
4. Nehmen Sie sich selber nicht so wichtig.
5. Nehmen Sie aber auch die anderen nicht immer allzu wichtig.
6. Es geht was schief? Na und! Keiner von uns ist perfekt. Sogar Götter machen Fehler!
7. Nehmen Sie keine Arbeit mit nach Hause.
8. Und noch mal, weil es sehr ernst gemeint und sehr wichtig ist: Lachen Sie öfter!

Bereits Shakespeare sagte: *Weise Menschen sitzen nicht tatenlos da und jammern über das Verlorene, sondern bemühen sich heiter, den Schaden wiedergutzumachen.*

Ein wichtiger Punkt bei einem drohenden Burnout ist der soziale, zwischenmenschliche Kontakt. Lassen Sie ihn niemals abreißen, denn er ist der viel zitierte Strohhalm, an den Sie sich jetzt klammern können. Reden Sie mit Ihrem Partner über Ihre Probleme.

Reden, reden um jeden Preis, denn Grübeln macht krank!

31

Streben Sie nach Unabhängigkeit

Die finanzielle Unabhängigkeit

Kredite machen uns verwundbar und abhängig. Der Kreislauf - einen Kredit aufnehmen, um den vorausgegangenen abzubezahlen - ist höllisch, ein Ausweg, ohne sich noch weiter zu verschulden, oft unmöglich. Über unser Einkommen haben wir kaum mehr die Kontrolle, unser Haus gehört nicht uns, sondern der Bank und auch wenn Banken es oft anders darstellen: Es gibt keine einzige Bank, die ihnen wirklich helfen will. Eine Bank will Gewinn erzielen, Punkt!

Wenn Ihre Ausgaben die Einnahmen übersteigen, droht der persönliche GAU.

> *Bis ins Jahr 2007 war ich ein vehementer Gegner von Krediten. Benötigte oder wollte ich etwas unbedingt haben, so überlegte ich immer: Kann ich es bar bezahlen? War die Antwort nein, so ließ ich die Finger davon. Ende 2007 änderte sich mein Verhalten drastisch. Ich hatte einen tollen Job und verdiente gut, was mich in Sicherheit wog. Daran, dass die guten Zeiten auch mal vorbei sein würden, dachte ich in meiner Euphorie keine einzige Minute. Ich kaufte ein Haus, ein neues Auto und erfüllte mir einige andere persönliche Wünsche, alles auf Kredit! 2008 wurde ich krank und verlor kurzzeitig meinen Job. Wie der Teufel es wollte, kamen gleichzeitig Steuernachzahlungen und Rechnungen, die ich sprichwörtlich nicht auf der Rechnung hatte, aber anstatt sofort zu reagieren, hielt ich am Haus fest, so dass fast jeder Pfennig, den ich verdiente, sofort an das Finanzamt ging … und an meine Bank! Um finanziell zu überleben und um*

meine laufenden Kredite bezahlen zu können, nahm ich einen weiteren Kredit auf. Die Schuldenfalle schloss sich, Lebensfreude und Lebensqualität schwanden. Das wiederum machte mich unglücklich und ständig besorgt. Nicht nur ich litt darunter, sondern die ganze Familie. Erst fünf Jahre später zog ich die Konsequenzen, die ich hätte sofort ziehen sollen. Ich verkaufte das Haus und bezog eine kleine Mietwohnung. Durch den Erlös tilgte ich sofort alle laufenden Kredite und Schulden und siehe da: Das Leben hatte mich wieder! Mein persönliches Fazit war, dass Kredite und Schulden nicht nur meine Würde angekratzt, sondern mich auch zu ihrem Sklaven gemacht hatten.

32

Wie kann man die Schuldenfalle vermeiden?

Begleichen Sie Ihre Rechnungen immer sofort.

Das beinhaltet auch die Philosophie, nur die Anschaffungen ins Auge zu fassen, die man sich unmittelbar leisten kann. Ihnen flattern Rechnungen ins Haus? Sofort öffnen, prüfen und bezahlen.

Führen Sie Buch und zahlen Sie nur mit Bargeld.

Tragen Sie alle Ausgaben sorgsam in ein Buch ein. Der Vorteil dabei ist, dass Sie immer nachvollziehen können, wo das Geld bleibt. Während des Aufschreibens ist man auch eher dazu geneigt, auf einige zu teure Dinge in Zukunft zu verzichten oder zumindest darüber nachzudenken, ob sie sinnvoll und wirklich notwendig sind. Auch die Balance-Ausgaben/Einnahmen haben Sie so ständig vor Augen. Wer oft mit der Kreditkarte zahlt, vergisst, wie viel er wofür in der Woche oder im Monat ausgegeben hat. Auch fallen bei Kreditkarten oft Zinsen an. Ideal wäre es, montags eine gewisse Summe abzuheben (zum Beispiel 150 oder 200 Euro), mit denen man dann auskommen muss, und zwar bis zum nächsten Montag.

Zahlen Sie die Fixkosten immer zuerst und gehen Sie „organisiert" einkaufen.

Bereits am Monatsanfang sollten alle Fixkosten wie etwa Miete, Nebenkosten, Versicherungen, Lebenshaltungskosten, Mitgliedsbeiträge, Auto- und Spritkosten (zurückgelegt) bezahlt werden. Gehen Sie mit einer Liste einkaufen, an die Sie sich auch halten. So vermeiden Sie unnötige Spontankäufe. Auf Angebote warten und diese untereinander zu vergleichen, macht sich bezahlt.

Schaffen Sie sich ein Polster, um den Dispokredit zu vermeiden.

Manchmal kauft man spontan, es kommt also zu unvorhergesehenen Ausgaben. Für solche Fälle sollte man immer ein Polster auf dem Konto haben. In die *roten Zahlen* zu rutschen und das Konto zu überziehen kann teuer werden, denn die Überziehungszinsen sind meist gesalzen.

Nehmen Sie niemals einen neuen Kredit auf, um einen alten Kredit zu tilgen.

Denn sonst wächst der Schuldenberg *hörbar* weiter! Haben Sie sich verkalkuliert, dann wenden Sie sich an einen Finanzberater.

Nicht zuletzt können Sie als Verbraucher durch Preisvergleich herausfinden, ob Sie eventuell viel zu viel für Gas, Strom, Telefon und Internet oder für ihre Versicherungen bezahlen.

Emotionale und soziale Unabhängigkeit

Mein Leben ist fade und eintönig. Ich lebe nicht, sondern vegetiere, erfülle eine Rolle, die andere – mein Partner, meine Kinder, meine soziales Umfeld[124] – für mich ausgedacht haben. Und doch klammere ich, habe Trennungsängste und mein Verhalten grenzt fast an Unterwürfigkeit. Zuwendung? Ja! Die bekomme ich. Aber die Art, wie es geschieht, erinnert an die Mensch-Hund-Beziehung. Mensch lobt und streichelt, gibt eventuell einen Knochen, Hund leckt Mensch die Hand und wackelt freudig und unterwürfig mit dem Schwanz.

Wenn Sie sich in diesen Zeilen auch nur einigermaßen wiederfinden, wird es Zeit, an Ihrer Situation schnellstens etwas zu ändern. In Krisenzeiten ist es unmöglich, Stärke zu beweisen, wenn wir *nicht frei* von gewissen Dingen sind. Erst recht unmöglich wird es unter solchen Umständen sein, anderen zu helfen, weil wir es eigentlich sind, die Hilfe benötigen. Es geht nicht darum, *Altes* und *Lästiges* um jeden Preis abzustoßen, sondern vielmehr darum, ein Leben zu führen, wie wir es uns vorstellen. Wir alle können uns einmal täuschen, aber wir alle haben auch die Wahl, zuzugeben, Fehler gemacht zu haben. Und wenn dieser Zeitpunkt gekommen ist, sollten wir uns für das entscheiden, was unsere innere Stimme uns sagt, und nicht, was die Gesellschaft um uns herum von uns erwartet. In einer Beziehung und im ganzen Alltagsgeschehen sollte man nie aufhören, sich, Kopf oben, zumindest einen Teil seiner eigenen Individualität zu bewahren. Einige tun es ständig, anderen gelingt es gar nicht. Um *sich selbst* wieder zu finden und um neue Pfade zu beschreiten, muss man jedoch *Altes* ablegen können. Die richtigen Chancen beim Schopf zu packen, dazu fehlt uns oft der Mut.

Warum?

Weil die Angst oft unseren Alltag bestimmt!

Zum Beispiel hat der Mensch generell Angst, loszulassen, über Bord zu werfen, sich zu trennen, etwas an einer total verzwickten Situation zu

---

124 Meine Kinder, die Familie, die Gesellschaft?

ändern. *Olle Kamellen* schleift man gerne mit durchs Leben, auch wenn diese dann wie ein Amboss auf unserer Brust liegen, uns durch ihr Gewicht erdrücken und uns unfähig machen, frei zu atmen. Viele möchten sich und ihr Leben gerne ändern. Es gibt Paare, die unglücklich sind. Es gibt jene, die neue Horizonte erforschen wollen. Und solche, die gerne den Wind einer neuen Freiheit – die der Worte und die der Taten – im Gesicht spüren würden. Andere hätten eine unbändige Lust, ihre Seele nach den Takten sanfter Melodien eines erneuten Liebesglücks wiegen zu lassen oder einfach nur mal das zu machen, was sie immer schon mal tun wollten. Aber sie trauen sich nicht. Der Rahmen, in den sie eingekeilt sind, sowie die *gesellschaftlichen Zwänge* lassen es nicht zu. Manch Ehe ist tief zerrüttet, die Liebe ist futsch, der Respekt eigentlich auch, und wenn man sich gegenseitig ansieht, fehlt dieser *Wow-Effekt*. Was die Partner einst zusammengeführt hat – die geistige wie körperliche Attraktivität, die kulturelle und soziale Gemeinsamkeit –, ist oft längst Schnee von gestern. Zärtlich sein ist ein Fremdwort geworden und die Schmetterlinge im Bauch sind nicht mehr hungrig und febril, sondern einfach nur pappsatt. Unsere Wünsche stehen Schlange!

All diese aufgezählten Punkte sind nur eines: Gewalt!

Gewalt ist, wenn wir daran gehindert werden, unseren Wünschen und unseren Bedürfnissen entsprechend zu leben. Gewalt ist auch, wenn unsere Wünsche und Bedürfnisse – offen an den Tag gelegt oder nicht – missachtet werden.

Hier das schlimmste *Alltags-Krisenszenario*, das man sich vorstellen kann:

- Mann schlägt Frau – Schweigen: Worte haben Urlaub.
- Mann ignoriert Frau – zu Hause, wo's keiner sieht.
- Frau betrügt Mann – ohne Kommentar (es weiß keiner; oder, besser gesagt, jeder weiß es, nur der Betrogene nicht!).
- Frau ignoriert Mann – Mann = arme Sau.

- Einer von beiden trinkt heimlich – trägt aber öffentlich nüchterne Krawatten (… oder gestreifte Klamotten vom teuren Outlet um die Ecke!).
- Kind ist unglücklich – weil den Eltern der Mut zur letzten Konsequenz und somit zu menschlicher Größe fehlt und weil Papa eine arme Sau ist und seine Frau schlägt, weil sie ihn betrügt, aus Rache, weil er sie ignoriert.

Fünfundzwanzig Prozent aller Frauen haben körperliche und/oder sexuelle Gewalt in der Partnerschaft erlebt.[125] Das Biest Angst, begleitet von Bruder Terror, läuft frei in der Wohnung herum, macht sich auf dem Sofa breit und tut, wie es ihm beliebt. Und dennoch bleibt man zusammen. Aus Gewohnheit, aus Bequemlichkeit, aus Angst, alleine aufzuwachen. Man bleibt wegen der gemeinsamen Schulden, wegen dem „Was würde man denn über uns denken?". Oder sollte man seinen Mann stehen schon alleine der Schwiegereltern wegen, die ja alles finanziert haben, die mit Habichtsaugen unsere Entwicklung beobachten? Oder ist es doch wegen der Kinder?

Manche verharren, weil eine Trennung einem sozialen Versagen, einem vielleicht erneuten Misserfolg gleichkommen würde. Man steht zusammen, weil der Partner krank ist und Gefühle wie Verpflichtung und Loyalität größer sind als der Mut, zu entfliehen.

Ist vielleicht eben gerade das unser Mut? Das Bleiben?
Oder können wir auch loslassen, das verlassen, was unsere Lebensqualität beeinflusst, können wir aus eigener Kraft den Amboss abstoßen und uns endlich selbst finden?

Dazu drei Dinge, von denen ich überzeugt bin.

1. In jedem von uns stecken mehr Wille und mehr Kraft, auch mehr Entscheidungs-Kraft, als wir selbst oder andere annehmen.

125 Quelle: Bundesfamilienministerium

2. Loslassen, sich trennen und über Bord werfen: Das ist kein Aufgeben, sondern im Gegenteil, es ist oftmals ein Neubeginn (was nicht heißt, dass neu unbedingt besser ist, aber man hat es zumindest versucht und das setzt Zeichen, auch weil wir nun wissen: Wir können, wenn wir es nur wollen!).

3. Auch in Ihnen schlummert sehr viel Mut: So oder so!

Wie immer Sie auch damit umgehen, vergessen Sie nie, dass jeder Mensch nur ein Leben hat. Bestimmen Sie selbst über Ihr eigenes und überlassen Sie diesen Prozess nicht den Anderen! Eigenes Glück kann man schaffen – seien Sie Ihr persönlicher Glücksschmied.

Quellenangaben

- Cody Lundin, When All Hell Breaks Loose: Stuff You Need to Survive When Disaster Strikes, 2007 USA
- Deutsches Institut für Internationale Politik und Sicherheit.
- Behnam T. Said, Islamischer Staat (C.H. Beck), 2014 München
- Raven Walker, The Dog Soldier's Manual, 2000 Writers Club
- Reinhard Fugger, Was tun bei Atomstrahlung durch Unfall oder Krieg: Praxisratgeber ohne Ballast.
- Isaac Asimov – Die exakten Geheimnisse unserer Welt (Droemer Knaur), 1985

Danksagungen

Ich bedanke mich bei Marc Guyader, Hartmut Hausser, Jens Orgeldinger, Horst Schaffner und „Klausi" Klaus Grieser.
Mein ganz besonderer Dank geht an Tom.

Auch erhältlich bei Epee Edition:

„Mit einem Blick auf die Landkarte: Rückt das Spektrum der Gewalt, das der Unruhe und der Unsicherheit nicht immer näher an uns heran?“
Der Autor und ehemalige Legionär Thomas Gast gibt mit diesem Ratgeber lebensrettende Tipps und Tricks für all die, die sich nicht vom Leben meistern lassen wollen.
Mit Survival Total begibt man sich auf die Reise vom Dschungel in die Wüste, hinaus auf hohe See und hinein in die Großstadt. Man spürt den Esprit des Lebens.

Survival/Outdoor - Sachbuch

Preis: 24,90 €

Thomas Gast
Survival Total - Band 1
ISBN: 978-3-943288-27-8
Softcover oder als eBook

Bestellen Sie bequem im Internet bei www.epee-edition.com.